南無本師釋迦牟尼佛

全知米滂(麥彭)仁波切

八大菩薩傳

—— 寶珠鬘

米滂（麥彭）仁波切 著

索達吉堪布 譯

譯序

　　十多年前，我翻譯了吾等本師釋迦佛的廣傳，使許多人對佛陀有了更深一層的認識。為了讓更多人瞭解菩薩的事蹟、起信、結上善緣，三年前，我又著手《八大菩薩傳》的翻譯，現今圓滿。

　　每當譯完一部經論，都會有種說不出的欣慰。其實，將本民族的文字譯成完全不同母語的異族文字，並不是一件輕易就能辦到的事，尤其是佛經及聖者的論典。翻譯與著書完全不同，相比之下更有難度，花費的時間更多，付出的心血更大。首先深思決定，準備不同的藏文版本，懷著純淨無染的心開始動筆。翻譯時不僅要對意義理解得準確無誤，而且要用通俗易懂的文句表達出來，經過反覆斟酌、幾番醞釀，從初稿到成形直至最後的校勘、定稿，其間可謂「飽經風霜」。所以，每一本譯作的背後無不藏著只有自己才知道的風雨。

　　八大菩薩對漢族人而言，有些家喻戶曉，有些則鮮為人知，即使知曉也是一知半解。其實，在這個大千世界，有太多太多凡夫思維模式無法觸及的更高層的意境，可以說我們的見聞覺知非

常非常有限。這裡展示的是菩薩超凡的精彩世界，請不要以現代人看小說或一般人的生平故事那樣來看，若換一種方式，帶著誠摯的信心，用理性的智慧去思索、去探究，從中會找到無限的深義。

實際上，無論是哪位菩薩，他們在因地行菩薩行時都有自己獨特的發心、願力、威德力，這是多劫的凝聚、累世的串習。不管你哪方面欠缺，都可從八大菩薩的加持中得到彌補。只要你有百倍的虔誠、不懈的祈禱。

在此次翻譯過程中，我對照了漢文大藏經，其中多數情節在漢文大藏經中都有，諸位也可參考。為了便於讀者熟悉內容，行文中添加了一些小標題。

此法我在法王如意寶座下得受過兩次傳承，每次聆聽，都會時而數數歡喜，時而感動流淚。如今這本書翻譯圓滿，祈願以此能廣利現在及未來普天下的一切有緣者，令其與八大菩薩直接或間接結上安樂緣！

索達吉

2015 年 5 月 1 日

目錄

文殊菩薩傳

頂禮、供養、皈依文殊童子菩薩摩訶薩！

這位依怙智慧主尊，是三世諸佛唯一無分別智慧身，他以菩薩相盡虛空遍法界安住，在有些眾生面前示現為功德圓滿無餘的佛陀，在有些眾生面前示現為如來的長子，在有些眾生前現為功德尚未圓滿的學道者，在有些眾生前以普通人的形象，通過各種作為，行持一切佛陀及佛子盡所有的事業，入於盡所有的眾生界。因此，他的傳記不可思議。

《首楞嚴三昧經》中說，他先前就已成佛；《利指鬘經》中說他是現在佛，如今正在住世；《文殊剎土功德莊嚴經》中說他在未來無數劫後示現成佛，佛號怙主普見。儘管他如此展示佛菩薩的種種事業相，但實際上永遠無盡無增，依靠如虛空般的智慧身，行持等同眾生際的各種事業。如《文殊密續》云：「三世前我生，諸佛前我生，三世後我生，三世今我生。」又云：「我是三世身，諸法隱沒時，我之教法現，寂靜所化前，我現文靜身，忿怒所化前，我現威猛身。」為此，（作者我）將摘錄於堪為正

量的佛經中有關文殊童子的一些神奇幻化，言簡意賅、簡明扼要地加以敘述。

●是他，讓無數佛成佛的

《大乘聖寶源經》中記載：

普勝菩薩請問：「世尊，文殊童子是安住於法界中不貪著而講經說法，這位文殊童子入於法界直到何時？」

世尊告普勝菩薩：「無量十萬俱胝那由他佛陀涅槃，都是文殊童子令他們證得無上菩提的，所有那些佛陀於一切剎土真實成佛後趣入涅槃。過去久遠不可思議、無可比擬、不可言說、無量無數劫以前，智慧吉祥佛出現於世，在此久遠久遠以前，智源如來出世。（以下每一位佛前都加『在此久遠久遠以前』。）依次是無上智如來、智見如來、智行境如來、智寶藏如來、獅吼如來、獅子威儡如來、獅子慧如來、力摧破如來、持力如來、吉祥積藏如來、摧破如來、勝喜王如來、力威儡如來、最寂行如來、寂光頂王如來、無邊慧如來、無邊調伏如來、蓮花頂如來、無垢面如來、月光如來、無垢光如來、善摧諸慮如來、光明如來、普勝如來、甘露持如來、甘露稱如來、無垢目如來、不退轉如來、無垢眼如來、妙香王如來、妙香吉祥如來、香王如來、智慧香如來、青蓮目如來、無邊光目如來、伏敵如來、尊勝山王莊嚴如來、梵頂如來、梵護如來，出現於世。在此久遠久遠以前的一劫

中，有六萬佛陀出現於世，第一位是光明如來，最後一位是稱光如來。在此久遠久遠以前，有四俱胝佛陀出世，第一位是燃燈如來，最末一位是目明如來。在此久遠久遠以前的一劫，有九俱胝佛出世，最初的一位佛叫樂目如來，最後是善分別如來。」

●成不成大器，一見便知

在此久遠久遠以前，勝喜如來出世。這位佛陀的剎土中有稱施、勇智、梵眼、栴檀、極妙、持獅子、普嚴、無邊辯才、慧敏、決定、伴安十一位行持梵行的大菩薩，他們寂靜調柔，相處融洽，十分安樂，擁有數十萬功德。

當時，如娑羅大樹般的婆羅門種姓中，有一位具足聰明才智的人，名叫日施。一次，他和約五百位大婆羅門朋友一道從具寶城外出，來到眾喜苑，在那裡看見了十一位菩薩。他們生起清淨信心，極其歡喜。

稱施大德觀察日施婆羅門的舉止威儀，覺得這位正士堪為無上菩提的法器，於是告訴十位大德說：「諸位尊者，這位日施以佛子相而行，堪當無上佛陀諸法之器。如果懷著慈悲心為他宣講教言，他將利益眾多有情並且給他們帶來光明，請善加垂念。」

隨後，日施婆羅門來到十一位大德前，懷著本師想對其頂禮膜拜，站立一旁，神情極為恭敬、異常歡喜。

接著，善男子稱施對日施說：「佛陀難以出世，佛陀的甚深

法難以證悟，超越世間一切。佛法如同虛空不曾被繪畫過、將來也不能描畫一般，一切法是無生無滅、無可言說的自性。」

日施婆羅門格外喜悅，究竟了悟佛陀的深法。

在這以後，日施隨著十一位大德來到勝喜如來面前禮拜，居於一旁，聽聞如來宣說諸法無相一相之法。日施婆羅門依靠所得善根力，騰越到七棵娑羅樹高的地方，親眼目睹了十方無量世界中無量菩薩真實修行善巧方便迥然不同的一切情形，同時看見不可估量的菩薩從兜率天降下、入胎，直到成佛、涅槃之間，都正住於這一虛空中。之後，日施婆羅門以最大的歡喜心，用適宜的偈頌讚歎佛陀。依靠所做的這一善根，在不可說（一大數目名）劫中，任何時候也未轉成癲瘋者、愚痴者，無論投生何處，都成為引導他眾的大士，任何時候也沒有轉成惡趣眾生、隨他轉者及受他控制者，甚至一彈指間也無不利益一切有情。

當時的善男子稱施就是這位賢護善男子，智藏是現在的寶源菩薩，日施婆羅門則是文殊童子。作為菩薩，要想不隨他轉、不被他牽、不受他控制，完全趣入法界，應該依止諸位善知識。當觀察，當恭敬承侍，為聽聞深法，應當多方詢問。

●百千萬次當緣覺，就是為了利他

《大乘首楞嚴三昧經》[1]中記載：

在眷屬中，菩薩乘的二百名眾生心生怯懦，暗自思量：「遍知的境界實在難以獲得，我們還是借助緣覺乘趨入涅槃吧。」

為了調化他們，文殊菩薩呈稟世尊：「過去時出現一個普明劫，我在那一劫中，三十六百千俱胝那由他次以緣覺乘趨入涅槃。」那些眷屬感到疑惑。

舍利子請問世尊：「趨入涅槃而無有結生到底是怎樣的？」

佛陀告訴他：「請教文殊菩薩將得到答覆。」

於是舍利子請問文殊菩薩：「該如何看待以上所說之義？」

文殊菩薩言：「遍知如來是我的證人，我若所言與事實相悖，那就是欺騙如來。在普明劫，圓滿佛陀克勝出世，後入於涅槃，正法住世十萬年。當正法隱沒之際，眾生只有依靠緣覺的威儀方能調化，假設有成百上千的佛陀講經說法，他們也均不信受，全部只信服緣覺。在當時，堪為眾生供養處的個別緣覺沒有出現，於是，我為了利益那些有情，自稱是緣覺，住在城區、皇宮區域等地，那裡的人也都認為我是緣覺。我身著緣覺裝束，示現緣覺威儀，由此受到他們的恭敬、承侍、供齋。後來我便為堪為法器的他們傳講正法，好似雁王般飛到空中，他們信心倍增並

---

1 《大乘首楞嚴三昧經》：漢文大藏經中為《佛說首楞嚴三昧經》。

發願獲得這樣的道。我就是以這種法門成熟了芸芸眾生的善根。

「當他們對供齋感到厭煩時,我便告訴他們:『我入滅的時間到了。』他們帶著各種各樣的供品前來,我入於滅絕想與受的滅盡定中,以願力趨入涅槃。他們將我的遺體火化,建造佛塔,做供養事,認為我已入滅。就這樣,在那個中劫,我於王宮等地,曾三十六百千俱胝那由他次以緣覺乘趨入涅槃,憑藉這種方式將三十六俱胝有情教化於緣覺乘中。儘管這般以緣覺乘趨入涅槃,但實際上並不是終極涅槃。」

●是首楞嚴三昧的神奇

當文殊菩薩講述此經歷時,大地出現六種震動,到處遍布大光明,諸天人為了供養紛紛撒降花雨,並傳出「稀有」、「奇妙」的音聲。眾天人得以親見如來及文殊菩薩,也得以聽聞首楞嚴三昧,自稱「得大善利」。他們請問世尊:「文殊菩薩成就如此不可思議之事業,實在稀奇,他是安住於什麼三昧而示現這般不可思議之事的?」

佛告天子:「文殊菩薩是安住於首楞嚴三昧,故能做如是稀有之事。菩薩住於這一等持,儘管(為度眾生而)示現為隨信行者,乃至示現為阿羅漢,示現為緣覺趨入涅槃,也是無住而顯示種種投生。」

● 見真諦者才真正無難事

大迦葉尊者呈稟佛陀：「如世尊所言，據我所知，這位文殊菩薩曾行持先佛的事業，轉菩提藏佛教法輪，入大滅度。」

佛陀說：「的確如此。過去久遠無量無邊不可思議阿僧祇劫以前，由此佛土向南越過三千佛剎，有世界名為『平等』，那裡無有山巒土石等，地平如掌，出有壞龍種勝如來於此出世，壽量達四萬歲。他以菩薩乘成熟了七十俱胝有情，以聲聞乘成熟了八十俱胝有情，以緣覺乘成熟了九十六百千俱胝有情，之後此如來的聲聞僧眾不可計數。如是利益天界、人間的眾生之後，龍種勝如來入滅，舍利極為可觀，佛塔多達三十六俱胝。彼時眾生供養佛塔，其佛法住世十萬年。龍種勝如來曾授記：『我入滅後，智光菩薩將成佛，佛號智光。』當時的龍種勝如來就是這位文殊菩薩。他依靠首楞嚴三昧的威力，示現從入胎直到成佛、涅槃之間，卻不捨菩薩的法性，也並非完全入滅。」

大迦葉尊者對文殊菩薩說：「你示現這般不可思議的境界，實屬難行。」

文殊菩薩言：「諸法以因緣偽造，本來無我，無有主故隨意所成。若現見了真諦，就沒有任何難行之事。」

● 放下屠刀，立地成佛

《利指鬘經》中記載：

在這個剎土的西方，有世界名叫諸寶莊嚴，如來應供正等覺世間見喜超勝大精進佛現今住世，他就是指鬘。彼佛剎土的一切眾生，全無老病等不適，壽命無量，威光無量。

由此向北，有世界名叫恆極喜淨信，如來應供正等覺勝解極喜藏寶積王佛現今住世，講經說法，他就是這位文殊童子。彼佛剎土，無有聲聞、緣覺，沒有老病等痛苦，一切眾生具足所有安樂，壽命無量，威光無量。

何人聽聞指鬘、文殊童子二位的名號，或者恆常頂禮，在彼眾生家中將現見具喜世界，阻塞四惡趣門。聽到此二聖尊的名號，縱然成為外道，犯他勝罪、造無間罪而受到或譏諷、或譴責、或凌辱、或非議，或為了利養而恭敬、讚頌，都將阻塞四惡趣之門。任何善男子或善女人，如若以這兩位聖尊的名號作為庇護，將消除一切荒涼及畏懼，受到保護，天、龍、夜叉、羅剎等不能侵害。

● 這樣功德莊嚴的剎土，令人嚮往

《大悲白蓮經》²中記載：

國王輻圍的第三王子王眾，在寶藏如來前發願：「我受持清淨佛土，不願速得成佛。在此期間奉持菩薩行，得以目睹十方無

2　《大悲白蓮經》所摘內容，在漢文大藏經《悲華經（卷3）》中有。

邊無際世界的一切佛陀，我令所化眾生初發菩提心，行持波羅蜜多後成佛，數量等同無邊剎土微塵數，這一切我一一得以現見，願我能如此行持佛陀的事業。

「往生到我剎土的一切有情，（心淨）如同梵眾天的諸天人[3]。受持盡大千世界恆河沙數佛土合為一佛土的功德莊嚴。

「我剎土中，城牆高至有頂邊際，此牆由眾多奇珍異寶點綴，整個大地均為琉璃所成，無有塵土等垢汙，必定遠離八無暇、痛苦、破戒、墮罪，連女人、聲聞、緣覺、煩惱眾生的名字也不復存在，無有段食之貪而以法喜為食。

「遍滿化生、持梵淨行、意樂清淨的菩薩及個別最後有者菩薩，他們剛一出生，便鬚髮自落，身著法衣、袈裟，具大光明。其珍寶缽盂中，充滿各種美味。當時他們思維：『我們不應吃此段食，理當供養其他世界的佛陀及其眷屬，布施一切有情。』剛這樣作意，即刻獲得『不可思議行』等持，於是暢通無阻地前往十方無量剎土，滿懷歡喜供養一切佛陀、聲聞及所有眾生，並暢談正法。時至中午，返回自己的佛土。衣服、珍寶也如此上供下施。願我剎土的諸位菩薩，其一切所需與諸佛、聲聞及其餘眾生共用後，再自己享用。

「願我剎土，寶珠光普照，積聚數十萬嚴飾，具有於諸十方

---

3 《悲華經》云：「我所教化諸眾生等，令其心淨猶如梵天。」

見所未見、聞所未聞之殊勝，即便只提及種種珍寶的名字，俱胝年也說之不盡。在我剎土，金、銀、水晶、琉璃等據眾生各自意願而隨心顯現，相互之間不現[4]，想如何受用、享用，便會如是呈現。

「在我剎土，雖無日月，但那些菩薩有大光明，隨其所求自然放光，乃至能照千萬俱胝那由他佛剎。在我剎土，唯以蓮花綻放區分晝夜，而無有晝夜之名。

「在我剎土，菩薩若想成佛，即以歡喜遷移到其餘剎土成佛，除此之外，無有從我剎土生到其他剎土而受寒暑、疾病、不樂、老、死之事。在我剎土，無有死亡，（若離世時，）處於上方虛空中，如同如來於無上菩提中般涅槃，並從空中傳出數千萬鐃鈸的妙音，其皆為波羅蜜多、三寶、菩薩法藏的聲音以及自己信受的法音，而聽不到欲望之聲。

「願我剎土，無有須彌山、鐵圍山、塵山、大海及其他樹木，到處遍滿超勝天界的種種妙樹，及曼陀羅、大曼陀羅等天花，無有臭穢，彌漫各種廣大妙香……十方無數無量佛剎淨土的所有功德莊嚴、嚴飾、相狀、稀有、願力，願我剎土悉皆具足，聲聞、緣覺、五濁之世的剎土布局除外。

「如若我行持菩薩道而於此剎土成就，願那些我令其初發菩

4　《悲華經》中意為顯而不失，即後者顯現時，前者並不會消失。如云：「當見銀時不失金相。當見金時不失銀相。」

提心並受持六波羅蜜多的所有菩薩，均往生到我之剎土，釋迦牟尼佛的這一剎土也屬於我剎土之中。若入我剎者，一切痛苦全部消除。

「我於這一剎土成佛時，菩提樹名為七寶錦，樹粗為一萬個四洲之量，此樹的芳香及光芒遍布周圍十個三千大千世界。在這棵菩提樹下，有一個以奇珍異寶嚴飾的金剛座，名為真向寂靜莊嚴善擇智香，面積為五個四洲世界大小，高為四千萬由旬。我於其上結跏趺坐頃刻成佛，直到涅槃之間不解跏趺、不起跏趺而安住，並在不可勝數的佛土中，幻化出無量諸佛及菩薩。一一化佛，一上午時間也可使無數有情受持無上菩提，趨至不退轉；那些幻化的菩薩，也行持菩薩所為，在十方無數剎土中顯示為我的身體，何者見之，決定證得無上菩提，乃至涅槃之間不離佛陀，諸根齊全。任何菩薩想要見我，一萌生此念，不管行於何處、居於何地，立即就能見我坐於菩提樹下。得見之際，便對正法遠離一切懷疑，未曾宣說的意義也能完全通達。

「在我剎土，有情的數目和壽命不可估量，除了佛陀的遍知智慧，誰也無力計算。從我成佛至涅槃之間，我剎土的眾生不留長髮、不穿白衣，鬚髮自落、身披袈裟、持沙門相、住沙門法。」

寶藏如來告王眾王子：「大士，善哉。你極其聰睿，具足功德、智慧，為利益眾生發此善妙大願，實在是具殊勝智慧的行為，受持如是微妙殊勝的佛土功德，故稱你為『文殊』。文

殊，你在未來經過二恆河沙數阿僧祇劫，於第三恆河沙數阿僧祇劫時，在南方離塵正積世界——娑婆世界也歸屬其中，成就如來應供正等覺佛果，佛號普見。你行菩薩道時所發的一切大願，皆得以實現。你於數多俱胝佛陀前種植善根，故成為一切有情的妙藥，你將奉行所想，能破煩惱，增長善根。」

● 做善事，為什麼迴向最值得

《大寶積經》第十五品「文殊剎土功德莊嚴」[5]中記載：

過去久遠，過七恆河沙數阿僧祇劫以前，由此向東方有世界名為「妙生」，雷響妙音王於此成佛後講經說法。當時，這位文殊是虛空王轉輪王，連同太子、王妃、親眷，在八萬四千年中，以神饌等一切資具對如來及聲聞、菩薩僧眾做豐盛供養。之後國王獨處深思：我這分善根，是為梵天、帝釋、轉輪王、聲聞、緣覺哪一種作迴向呢？正當這時，空中傳來眾天人之聲：「大王切切不要發下劣之心，你要將所做的廣大善根為無上菩提而迴向。」

國王滿懷歡喜，心想：願我於菩提中決定不退轉。此時，八十百千俱胝那由他含生轉繞國王。於是他來到雷響妙音王如來前，雙手合掌，以「我心如何生……」的偈頌啟稟如來，如來也

5　《大寶積經》第十五品「文殊剎土功德莊嚴」：漢文大藏經中為《大聖文殊師利菩薩佛剎功德莊嚴經（卷2）》。

以「諸法依緣生，住於意樂上，何人發何願，當得如是果……」的偈頌教誡他為圓滿菩提而發心。

國王發起無上菩提心後，呈報能獲得無上菩提的一切方便法，說：「我從現在起，直至菩提之間，十方佛陀作證，不生煩惱心，斷除一切不善業，具足梵行清淨戒律，隨學佛陀。我不願速得成佛，乃至未來際，縱然為利一個有情也奉行（菩薩行），修行不可限量、不可思議的佛剎，願於諸十方，皆聽聞、傳布我名號。」

追隨國王的二十俱胝眾生也都發願成佛。

這位文殊童子自發菩提心時起，已過七十萬恆河沙數阿僧祇劫。此後又過六十四恆河沙數劫，獲得無生法忍。從那以來，他具足如來的十力，圓滿菩薩的十地，完全到達佛地。儘管他圓滿了佛陀的一切法，可是連「我現不現前圓滿正等覺菩提」的一念之心也不曾生起。

世尊告言：「先前與虛空王一同發心的二十俱胝眾生，均已成佛，利益無量有情之後，除一位佛外都趨入了涅槃。這些佛均是依靠這位文殊童子而行持六波羅蜜多的，他們供養承侍一切佛陀，並受持其正法。此外的那位如來在此下方，經過四萬四千恆河沙數剎土，有世界名叫地妙音，（有如來名為地天，）地天如來於此被無量菩薩僧眾所圍繞，壽命無量，現今住世。」

獅子妙力雷音菩薩問文殊菩薩：「你既已圓滿菩薩地，獲得

了佛陀的一切法，為何不成佛？」

文殊菩薩答言：「既然圓滿了佛陀之法，也就再無菩提可言，因為原本已經證得。以真如本體與萬法其性平等的緣故，無生無滅中無有所證菩提。」以此意義予以了答覆。

●我們的世界觀太狹小了

世尊又說：「文殊，請講一下你剎土功德莊嚴的大願。」

文殊菩薩應允，為大眾講述自己的願力。他右膝著地，雙手合掌，頂禮佛陀，此時六恆河沙數世界悉皆震動。

文殊菩薩陳述道：「自十萬俱胝那由他不可計數劫時起，我便發願：有朝一日，我以無礙佛眼目睹十方無邊無際世界，所有佛陀出有壞皆由我勸令趣入菩提，發菩提心，行持波羅蜜多並隨之教授，在沒有親見這一切之前，我不證無上菩提佛果。若於十方不再見到有任何佛陀不是我令其成佛，爾時我才現證無上菩提，圓滿佛果。」

在場的菩薩心想：「這位文殊菩薩要見到盡其所有的佛陀如來啊。」

世尊知曉他們的心念而告言：「善男子，譬如，有人將這個大千世界碎為微塵、化為灰燼，要想計算其微塵的數量，不可以百、千、十萬等單位衡量。同樣，盡其所有的佛陀也像這樣無量無數，但文殊菩薩卻能以無礙佛眼觀見之，於十方一一世界悉皆

得見。」

爾後文殊菩薩呈稟世尊：「願我這一剎土，有眾多恆河沙數佛土合在一起那樣面積廣大，（城牆）由成千上萬的珍寶點綴[6]，高至有頂。在那裡，約有十個大千世界之量的菩提樹，其光芒遍照一切剎土。我安坐於樹下，從成佛到涅槃之間永不起座，然而以幻化身於十方每一方的無數剎土中為眾生宣說正法。

「在我剎土，無有聲聞、緣覺的名字，也無有女人、胎生，到處充滿身披袈裟、跏趺化生、無瞋恨煩惱隱覆之過失、梵行清淨的菩薩。

「願我的剎土，像極樂世界那樣具喜樂之食，而我剎中菩薩一生起進食之想，就有盛滿數百種美味的器具出現在他們右手，以此首先供養十方佛陀及聲聞，隨後以五通的神變剎那間對投生於貧困飢餓的餓鬼道等一切有情發放布施，令他們滿足，並為其說法，之後再自己受用。（剎土中）相應於沙門法的種種寶衣，也如此享用。那些菩薩盡其所有的受用，都如是出現並享用。

「在我剎土，連八無暇、不善、痛苦、過患、不悅意色等名字也不存在。

「在我剎土，充滿十方世界見所未見、絕無僅有的數十萬俱胝那由他奇珍異寶，縱然提及這些珍寶的名字，也需用百千俱胝

---

6 《大聖文殊師利菩薩佛剎功德莊嚴經》云：「世尊我有如是願，以殑伽沙數廣大世界成一佛剎。其佛剎中牆壁高大，至於有頂，無量百千眾寶莊嚴。」

年。凡往生我剎土者，連寒暑、病、老、死的名稱也聽不到。任何菩薩想要成佛，即可前往其他剎土，到兜率天處壽盡降生，再得成佛。

「在我剎土，有菩薩想見此剎為純金等所成[7]，隨其意願如是顯現。

「在我剎土，除菩薩與菩提樹的光芒以外，不現日、月、星辰、閃電等光，唯以蓮花開合來區分晝夜，此外沒有晝夜的名字，那些光芒遍及十萬俱胝那由他佛土。在上方虛空中，恆常不斷傳出十萬俱胝那由他鐃鈸妙音，雖不現相而聞其聲，其音聲皆為波羅蜜多、三寶、菩薩法藏之聲以及隨菩薩各自信解的法音。

「在我剎土，何者想見佛陀，即刻親睹如來安坐在菩提樹下，（若對佛法有疑，只要一見佛陀，）[8]無須解說便通達法義，疑網盡斷。

「如此十方無量無數十萬俱胝那由他世界的諸佛剎土之功德莊嚴、願力、妙相等，我盡其所有一覽無餘。除了聲聞的莊嚴剎土及五濁世界中成佛的剎土以外，一切剎土均歸攝、容納於此剎

---

7 《大聖文殊師利菩薩佛剎功德莊嚴經》云：「彼世界中菩薩，樂見彼剎而為金者即現於金，樂見銀者即現於銀，然於見金未曾損減。樂見吠琉璃頗胝迦赤珠瑪瑙車磲羅寶無量諸寶，各隨所樂見種種相。並及彼沉水香、多蘗羅香、多摩羅跋香、龍堅香、栴檀香，各隨所欲悉皆得見。」

8 《大聖文殊師利菩薩佛剎功德莊嚴經》云：「彼中菩薩渴仰於佛隨所諸處經行坐立，應念即見普見如來應正等覺坐菩提樹。若諸菩薩於法有疑，但見彼佛不待解說，疑網皆斷解了法義。」

土中。若要讚歎此佛剎的功德莊嚴，在盡恆河沙數劫中，縱然別無他事而只用來講述，或者用比這更長的時間，也說之不盡，只有如來智慧對此能自在無礙照見。」

佛陀告言：「文殊，的確如此，如來洞悉一切。」

其後，文殊菩薩說：「幻術可以幻化，但幻術並不存在，同樣，萬法顯現生滅而無有生滅，這就是平等性……」

智妙菩薩等所有威嚴顯赫的菩薩，也展示各自的辯才而利益了芸芸眾生。

●他的利生事業無與倫比

隨後，世尊徹知眷屬菩薩們的心念而教授道：「文殊的剎土名叫圓滿語無塵積，它出現在南方，這個娑婆世界也屬於其中。文殊童子成佛時，佛號普見，因為他能見到十方無量無數百千俱胝那由他世界的一切佛陀出有壞，而且任何眾生若得見普見如來，都必定證得無上菩提，何者聽到其名號，除非是不可逆轉、無有信解者，否則皆能於無上菩提成佛，故而由此得名。」

在場的數十萬俱胝那由他菩薩異口同聲地說：「『普見』名副其實，任何眾生聽到他的佛號，尚且能得到殊勝之利，更何況往生其剎土？何者聽到如是授記所說與文殊童子的名字，彼即現見佛陀。」

世尊告言：「善男子，如你們所言，的確如此。何人持誦千

萬俱胝那由他佛陀名號，也不及持誦文殊童子名號的福德大，更何況持誦普見如來名號了。為什麼？文殊童子於每一劫所做的利眾之事，十萬俱胝那由他佛陀也不曾行持。」

由此，在場的天人等數十萬眾生共誦：「頂禮文殊童子！頂禮普見如來！」之後，八十萬俱胝那由他眾生發無上正等大菩提心，無量有情成熟善根，於無上菩提得不退轉。

●極樂世界只是滄海一粟

在場的有些菩薩這樣想：「文殊剎土的功德莊嚴，與極樂世界是否相同？」

世尊知曉他們的心念而告言：「如同有人用髮尖的百分之一許從大海中取一滴水，這相當於極樂世界的功德莊嚴，大海中剩餘的水相當於普見如來的剎土莊嚴。」

獅子妙力雷音菩薩白佛：「有與此剎土等同的其他剎土嗎？」

佛告獅子妙力雷音菩薩：「在東方善住願超勝世界中，普光功德恆眾海王如來現今住世，壽命無量，他的剎土與普見如來剎土相同、不增不減。安住於文殊此行為、披上不可思議鎧甲的光面、智妙、寂根、慧願這四位菩薩，他們的剎土莊嚴也是如此。」

獅子妙力雷音菩薩問文殊菩薩：「你將於何時成佛？」

文殊菩薩回答：「何時虛空界成為有色，彼時我才成佛。同樣，何時幻師所幻之人證得菩提，彼時我才成佛。文殊本身就是菩提，菩提也就是文殊，空性就是證覺者。」

爾後世尊告言：「善男子，無量光如來的菩薩及聲聞眾，其數雖然不可思議，但（跟普見如來剎土的眷屬相比，）極樂世界的會眾就如同從摩竭國芝麻洞內取出的一粒芝麻，而剩餘的芝麻相當於普見如來剎土的會眾，有如此懸殊的差別。

「普見如來壽量有多長呢？如此將這個大千世界碎為微塵，（一塵一劫）[9]也不能詮表其數的百千分之一。由此可知，普見如來壽命無量無邊。」

接著佛又告言：「將來文殊童子成佛時間之量：譬如將這個大千世界碎為微塵，有人從中取一粒越過盡微塵數的大千世界後放下，如此以這種方式在東方放完了所有微塵。同樣，第二個人在南方如此放置微塵……乃至如是放於十方。以這種方式包含的十方世界，以十萬百千俱胝等計量也不可勝數。如此把放微塵和沒有放微塵的世界再全部碎為微塵，精通曆算者也無法以百千俱胝等了知或算出它的數目，這個數目會令一切眾生迷亂。只有如來才悉知這些微塵以百數計算有這麼多、以千數等計算有這麼多，甚至超過它的數目，也無所不知。」

9　《大聖文殊師利菩薩佛剎功德莊嚴經》云：「如以三千大千世界末為微塵，一塵一劫。若比普見如來壽量劫數，百分千分百千俱胝分，乃至算數譬喻所不能及。」

● 任何結果的背後都有它的因緣

彌勒菩薩白佛言：「世尊，為求這樣的大智慧，假設菩薩乃至未來際在眾生大地獄中被焚燒，也該忍受，不可捨棄如此智慧。」

佛告言：「的確如此，的確如此。除了信解下劣、精進不足、十分懈怠的眾生以外，誰會對這樣的智慧不生渴求之心？若將十方撒塵與沒有撒塵的那些剎土皆碎為微塵，文殊童子將在比上述微塵數目更多的劫中，依舊行持菩薩行。他的宏願與真實行不可思議，為此，他證得菩提後的壽量與菩薩眷眾也不可思議。」

獅子妙力雷音菩薩白佛：「文殊菩薩在這麼多劫中也不起厭煩之心真是稀有，所修大行真是稀奇。」

文殊菩薩說：「就像虛空不會分別『經過了這麼多劫』一樣，菩薩對任何法也無有行持之想，為此不會厭煩、不生不死等。」

● 想積大福，隨學文殊

世尊告言：「善男子，如來以無礙佛眼照見十方所有佛土，若有菩薩以七寶充滿這些世界，於每一尊如來前進行供養，同時安住於所有戒律，對一切眾生得平等心，盡未來際進行布施。若有菩薩於此（佛剎功德莊嚴）法門進行受持等，發心隨學文殊童

子，為此邁出七步，前者福德不及此百分之一。」

之後，文殊菩薩入定於普現如幻等持，即刻間，令眾會菩薩見到十方無量無邊世界的一切佛陀。他們發現，每一尊佛面前都有文殊菩薩在展示自己佛土的功德莊嚴，不禁心想：「這位文殊菩薩頃刻間便顯現於眾多世界中，願力、等持、智慧實在絕妙稀有。」由此生起稀奇之想。

●何出此言、淵源何在，讓人百思不解

《未生怨王除懺經》[10]中記載：

世尊於靈鷲山被眷屬圍繞安住之時，文殊菩薩在須彌山的階梯上與二十五位大德在一起，兜率天的四位天子等眾眷屬來到其前想要聽法，文殊菩薩化作如來，依靠講經等成熟芸芸眾生。之後世尊讓文殊菩薩前來作表示，文殊菩薩及眷屬來到佛前，探討種種正法之義。

在場有二百位天子昔日行持菩薩行，此時退失了菩提心，他們想：「我們不能修成無上菩提，不如趣入聲聞、緣覺的涅槃吧。」

為使他們於無上菩提不退，佛陀在眷屬之外幻化出一位施主，手持盛滿百味美食的缽盂，供養佛陀享用。文殊菩薩白佛

10《未生怨王除懺經》：漢文大藏經中為《佛說阿闍世王經（卷1）》。

言：「你如果沒有將部分美食賜予我享用，就是不報恩。」

舍利子心想：「文殊菩薩昔日如何利益過佛陀，現在竟然以不報恩來質問。」

佛陀洞悉他的心念而告言：「舍利子，如來已知，馬上會為你除疑。」說完將缽拋到地下。那個缽立即沒過地面，朝下方佛剎中安住的佛前而去，經過恆河沙數剎土之後，到了光明世界——光明王如來的剎土，那個缽停在虛空中。光明王如來的眷屬詢問缽的由來，光明王如來說：「這是上方娑婆世界釋迦牟尼如來為調化菩薩所拋。」

●尋找缽盂，眾大聲聞無能為力

隨後，世尊對舍利子說：「你去尋找那個缽盂。」舍利子入於一萬等持，憑藉自己的智慧力和佛陀的威神力去了一萬個佛土，也沒有發現，於是又返回佛陀面前。

同樣，目犍連、須菩提及五百位左右大聲聞依靠神變和天眼去找，也沒有發現那個缽。

須菩提對彌勒菩薩說：「請您去找那個缽盂。」彌勒菩薩說：「我雖是如來授記的一生即得無上菩提的最後有者，可是也不知那一等持的名字，而文殊能夠出入那一等持。等我獲證菩提時，如文殊一樣的菩薩也有不知我走路抬腳、落腳的時候，（如

今我不如他，）[11]因此不如祈求文殊，他能取回缽盂。」

須菩提祈請文殊菩薩去取那個缽，世尊也開許如是而行。

●生在娑婆，更占優勢

於是，文殊菩薩入定於普行等持，於坐墊上如如不動。眾眷屬清楚地看見他伸展右手，穿越下方的所有佛土，用那隻手作禮一切佛陀，並伴隨著問安的聲音。其手上一一毛孔放射出百千俱胝光芒，一一光端有（百千俱胝）蓮花，一一蓮花的花臺中安坐著佛身，同聲讚歎釋迦牟尼如來。其所經過的佛剎出現六種震動，遍大光明，這些剎土皆由傘、幢、幡所莊嚴。此後，文殊菩薩的那隻右手，越過七十二恆河沙數的佛土，到了光明王佛的光明剎土問安，顯示光芒神變，承侍光明王佛。

光吉祥菩薩問：「這是誰的手具如此神變、令人見而生喜？」光明王佛講述了它來自上方娑婆世界的始末。結果，那個剎土的所有菩薩都祈求見到娑婆世界釋迦牟尼如來和文殊菩薩。

於是，光明王佛的白毫處放光，所觸及的有情，以根基不同而分別獲得轉輪王的安樂、諸瑜伽行者的果位、菩薩的日燈等持，那個剎土的一切有情均得見此娑婆世界。

目睹此世界後，光吉祥菩薩一邊流淚一邊說：「如同無價之

---

11 《佛說阿闍世王經》云：「我作佛時，如恆邊沙等悉為文殊師利，復不能知我行步舉足下足之事，如今者實不逮及，不如報文殊師利而行求之。」

寶掉入淤泥中一般，釋迦牟尼佛和那些大菩薩竟安住於（如此汙穢的）娑婆世界。」

光明王佛告言：「不要說這種話。在我這個剎土中十劫坐禪修禪，也比不上在娑婆世界一上午修慈心的福德多。在那裡護持正法的大菩薩，將清淨一切業障、煩惱。」

光明王佛放出的光芒，被娑婆世界一切有情見到後，（詢問世尊此光從何而來，）世尊講述了它的由來。之後，為使這個剎土的一切有情見到光明剎土，世尊示現神變放出光芒，其光所接觸的菩薩均獲得山王燈等持，居此世界者皆目睹了下方的光明佛土。

文殊菩薩用右手從光明剎土取回缽盂，由（下方）數百千俱胝那由他菩薩所圍繞，回到上方的（娑婆）世界，那隻手的光芒也在光明剎土中隱沒。文殊菩薩在釋迦佛面前，把缽盂置於空中，頂禮佛足，請佛接受缽盂。之後，隨文殊菩薩右手一同前來的那些菩薩也頂禮世尊，問候請安後，安坐於各自墊上。

●世尊揭開謎底

世尊告訴舍利子往世的經過：「過去久遠無量百千俱胝那由他劫以前，有世界名為不毀，無敵幢如來出世，從三乘入手講經說法。在那裡，一位名叫智幢的說法比丘，身著法衣，去廣博王宮化緣，之後帶著百味珍饈出現。當時有商主之子名為無垢軍，

在父母懷中看見那位比丘，便從母親懷裡跑到比丘跟前索要食物，那位比丘也給了他許多，他攪拌食物後跟在比丘後面，來到無敵幢如來面前。

「那位比丘將齋飯送給那童子，讓他供給佛享用。童子以食物盛滿如來的缽盂但仍有剩餘，之後以此供養了八萬聲聞與一萬二千菩薩，在七天之中圓滿供養佛陀及眷屬，然而食物還沒有用盡。童子異常歡喜，口說偈頌。當時，那位比丘教導童子皈依三寶，為他傳戒，並讓他發露罪業、隨喜、祈禱、發無上菩提心。童子的父母為了尋找孩子也來到無敵幢如來面前，他們和許多眾生都發起無上菩提心，並且出家。

「當時的智幢說法比丘就是文殊菩薩，商主之子無垢軍就是現在的釋迦牟尼我。文殊菩薩就是這樣給我齋飯，讓我發菩提心的，是他令我最初發起了菩提心。以此世為例，如來我的殊勝十力、四無畏等一切法，都來自於文殊菩薩教令發心。如我一樣，在十方號稱釋迦牟尼的無量佛陀，以及德夏佛、尊勝佛、具髻佛、燃燈佛，都是由文殊菩薩安置於菩提而現今轉法輪的，這些如來的名號在一劫或多劫中也說之不盡，更何況其行持菩薩道、住於兜率天乃至安坐菩提樹之間極其眾多的情形了。為此，文殊菩薩是一切菩薩的怙主，是生源、是悲源、是行源。」

所有菩薩異口同聲真實讚歎文殊。

其中有二百位天子心想：「諸法隨行於因，依賴於緣，以

希求為本，以發願引領，既然釋迦佛也是由他人勸令行持而有所成，那在如來住世之際，我等不該發低劣心。」於是以殊勝增上意樂發起無上菩提心。

文殊菩薩通過示現妙手得鉢的神變，使這個剎土乃至下方不可勝數的眾生皆發菩提心。十方無量諸佛，為行供養文殊菩薩之事，及承侍正法，將珍寶傘授予菩薩眾覆蓋整個世界，傘中傳出「依釋迦佛所說，我等也由文殊安置於菩提」的音聲。

●彌天大罪也能清淨

此後，阿闍世王率眾來到世尊面前請求道：「我造了殺父的無間罪，請賜我從中解脫、遣除懊悔和懷疑的方便法。」

世尊心想：「這個阿闍世王，享受貪愛，對深法有信心，除文殊師利外，誰也不能徹底消除他的懷疑。」

正當佛陀這般意念，依靠佛陀的威德力，舍利子對阿闍世王說：「明天你對文殊菩薩供齋吧，他能消除你的疑惑等，並將利益許多眾生。」

阿闍世王便如是迎請。世尊也告訴文殊菩薩：「你可去阿闍世王處應供，在那裡將利益彼等芸芸眾生。」

之後，文殊菩薩在晚上初座時，剎那間越過東方八十百千佛土，到了恆傳聲世界宣稱吉祥如來面前頂禮，啟稟道：「請命這個剎土的諸大菩薩去娑婆世界，赴阿闍世王之宴。」

如來對眷屬中的諸位菩薩說：「你們與文殊菩薩一道去娑婆世界吧。」於是，當場的八萬二千菩薩與文殊菩薩一同來到娑婆世界。文殊菩薩為他們宣講陀羅尼法門，結果其中五百菩薩獲得陀羅尼。中座時，又為那五百菩薩詳細傳講菩薩藏的法門。末座時，對那些菩薩廣講入不退轉輪金剛句的意義，有些菩薩由此得到光明花三摩地。

隨後，阿闍世王派來使者，應請文殊菩薩中午赴宴。

大迦葉尊者與五百比丘一起來到文殊菩薩前。文殊菩薩問迦葉：「這麼早你去哪裡？」

迦葉尊者說：「我要去化緣。」

文殊菩薩說：「大迦葉及眾眷屬隨我一道去應供吧。」

迦葉尊者說：「我為求法，不為求食，即便沒有吃到飯，也會跟隨你。為什麼？因為在別人面前，聽不到你那樣的傳法。」

文殊菩薩入定於幻化一切神變的等持中，頓時娑婆世界地平如掌，整個大千世界遍布光明，中斷所有惡趣和煩惱相續，一切眾生安住慈心，大地出現六種震動，發出鐃鈸妙音，花雨紛飛，諸天人勤行供養之事，諸龍族使一切道路平整，並以無量供品莊嚴，實在是稀有罕見。

其後，文殊菩薩由八萬二千菩薩及五百左右大聲聞圍繞，來到阿闍世王的王宮。先前文殊菩薩對國王說大約有五百眷屬（前去應供），所以他只準備了五百人的飲食，見此心想不妙。

毗沙門等對國王說：「大王不必憂愁，文殊菩薩智慧、神變的加持極大，只要他願意，僅以一搏食物也能使大千世界的一切有情吃飽，更何況這麼幾位眷屬了？他的布施方便無窮無盡。」

聽到此話，阿闍世王心花怒放。

隨後，文殊菩薩對眷屬中的普照菩薩等說：「請入座。」他們依靠神變而各自在陳設的坐墊上就座。阿闍世王與眷屬忙於預備供養之事，梵天、帝釋等諸多天人和龍族也恭敬承侍文殊菩薩及其眷屬。

阿闍世王想：「這些菩薩沒帶缽盂，怎麼用齋？」正當這時，所有缽盂從菩薩們自己的剎土紛紛飛來，在無熱惱海以八功德水洗淨後住於蓮花上，八千龍女擎持缽盂獻給那些菩薩。

之後，國王開始供齋，飯食一直取之不盡，他感到驚奇不已，遂請教文殊菩薩。文殊菩薩說：「這像你那懊悔一樣沒有造作。」

眾菩薩眷屬用餐後，將缽盂一拋，那些缽盂竟然停住於虛空中。

國王問文殊菩薩：「這些缽盂依何而住？」

文殊對他說：「你的惡行依何而住，它就依何而住。它雖然無所住，但在不墜落的同時，不著不住一切法，也不墮於何者。」

隨即，國王坐在文殊菩薩面前請求：「我要遣除懊悔。」

文殊菩薩說：「你那個懊悔，縱是恆河沙數佛陀也無法遣除。」

阿闍世王以為自己無依無怙而栽倒在地。

大迦葉尊者連忙說：「大王不必驚惶，文殊菩薩這樣講是有善巧密意的，你要問他密意何在。」

國王再度站起，請教所說的意義。

文殊菩薩講道：「佛陀出有壞（了知諸法）無生如虛空，無法被染汙，所遣（懊悔）也無有自性，所以，我說連佛陀也無法遣除。」[12]

依此，阿闍世王生起隨同空性的法忍而遣除了懊悔。

●不顯現並不一定不存在

阿闍世王獻上價值連城的布匹準備供養文殊菩薩，此時文殊菩薩杳無蹤影，空中傳出「如上比喻，當觀懊悔與諸法，請供養所見之身」的聲音。阿闍世王（見不到文殊菩薩，）見文殊菩薩的坐處有智吉祥幢等菩薩及阿羅漢大迦葉，（於是向他們供養，）可是他們各自宣講無所受之法，身體全然不見。之後（他去一一供養五百比丘，）五百比丘也隱身不見。（諸菩薩與比丘僧都不見了，）國王只好把布送給王后，結果她也不見了，

---

12 《佛說阿闍世王經》云：「文殊師利言：佛知諸法一切悉若虛空。所以者何脫於本故。亦不見諸法有本若有脫者。以故我言。若王之狐疑。非恆邊沙等佛之所能說。」

與此同時，所有女子和侍者均消失於視野中。國王現前如是等持之後，除了自己的身體以外，一無所見，只聽到「請供養所見之身」的聲音。最終國王把布披在自己身上，他的身體也頓然不現，傳出「遠離一切色想。大王，諸色一無所見，如是當觀罪業，如何見罪業？如是當觀諸法……」的音聲。至此，阿闍世王安住於遠離一切想行分別念之等持。他剛從中起定，之前所見的自身等一切，即刻恢復如初。

隨即他請教文殊菩薩：「先前沒有看見這裡的眷屬，他們去了何處？」

文殊菩薩說：「去了你懊悔所去的地方……」依此，國王獲得了隨同法忍。三萬二千女子因目睹文殊菩薩的神變而發起無上菩提心，其中五百人獲得清淨法眼。

成千上萬的百姓為了供養文殊菩薩，紛紛從王舍城各處集到王宮門前。文殊菩薩以腳的大拇趾壓地，整個宮牆和大地變成琉璃，（王宮內外一切眾生）得以親見文殊菩薩及其眷屬的尊顏，都發起菩提心。

文殊菩薩為大眾開示了獲得清淨法眼的法門，之後便離開阿闍世王的王宮。

● 再現神變令重罪之人得果

返回的途中，文殊菩薩遇到一人，他因殺了母親正在樹下憂

傷，口裡說著：「我造了墮地獄的罪業。」

他是文殊菩薩的所化對境，菩薩為了度化他，便化現出一個人，那人與父母同行，關於走哪條路，他們觀點不一，發生衝突，結果那人殺了父母。接著，幻化之人來到殺母之人面前，殺母之人心想：「我與此人同病相憐，所以他去何處，我也去何處。」

幻化之人一邊失聲痛哭一邊說：「我要到釋迦佛面前，他是無怙者的依怙。」說完就走，殺母之人也隨他而去。

幻化之人來到佛前，呈稟佛說：「我殺了父母，祈求救護，我該如何而行？」

佛陀告言：「你能如此坦誠，（不覆藏所作之罪，）[13]善哉。」遂令其觀殺生之心了不可得，由此幻化之人獲得證悟並出家，之後飛於上方虛空而趨入涅槃。

見到此景，殺母之人不禁暗想：「此人殺了父母雙親，竟然也能證得涅槃，而我只是殺了母親，為什麼不能證得涅槃？」

於是他在佛前頂禮，呈稟說：「我殺了母親。」

佛陀如前一樣教誨。隨後，那人全身毛孔中出現眾生地獄之火，烈焰焚身，痛不可言。無依無怙的他馬上祈禱，大呼：「皈依佛！」佛以金色妙手放在那人頭頂，即刻他的一切苦受就此中斷，獲得安樂。由此，他對佛陀心生恭敬，祈求出家。佛陀予以

---

13 《佛說阿闍世王經》云：「佛言：善哉善哉。所語至誠無有異。所說如言。見怛薩阿竭說所作罪而不覆藏。」

開許，為他宣說四諦法門，他當下獲得見諦，通過修道，證得阿羅漢果。他呈白：「世尊，我要趨入涅槃。」隨即騰空而起（入於涅槃），身上出火焚燒了身體，成百上千的天人前來頂禮。

●阿闍世王得佛授記

舍利子見佛陀這般調化此人，倍感稀有，說：「如此調伏造無間罪者，真是奇妙。能了知一切有情種種根基的，只有佛陀出有壞、文殊菩薩及其餘披上與之相同盔甲的諸大菩薩，除此之外，這不是任何人的境界，也不是聲聞、緣覺的境界。」

佛陀告言：「的確如此。舍利子，這位文殊菩薩曾於無垢劫妙臂如來的教法中，就讓阿闍世王發過圓滿菩提心。早在無垢劫，有三俱胝佛陀出世，他們全部是文殊師利祈請轉妙法輪、長久住世的。

「這個阿闍世王，如今餘業僅剩芥子許，後轉生為三十三天的天子；再降生於贍部洲；死後如布達熱嘎般墮入眾生地獄，身體沒有苦受而解脫；繼而越過上方四千佛土，往生到莊嚴世界寶蘊如來前，剛生於那裡，便再度面見文殊菩薩，也得以聽聞甚深法而獲得無生法忍；到彌勒成佛之時，他成為不動菩薩，又親見文殊菩薩，並給大眾講述過去（殺父懺罪）的這些經歷；此後，在八萬阿僧祇劫中成熟有情，修行剎土，他所成熟的眾生將無有業障和煩惱障，智慧明利，無悔無疑。這位阿闍世王，將於八萬

劫後的見喜劫成佛，世界名無穢，佛號極清淨境如來。在他的剎土，眾生至死也無有懊悔，死後不會墮入惡趣。」

之後，從他方剎土隨文殊菩薩來此世界的菩薩們呈白：「世尊，如來明鑑，文殊菩薩所安住的地方，猶如佛陀住世一樣，世尊無須垂念。為什麼？因為文殊（與佛無異），他所成熟的一切有情，不會有惡趣、無暇、魔業和煩惱的恐懼。」

世尊告言：「善男子，正如你們所說，的確如此。」

來自十方的諸位菩薩，以遍滿世界的鮮花拋向如來和文殊菩薩，祈願道：「願大能仁的正法明燈長燃不絕。世尊，我們用血肉尚且不能報答文殊師利之恩，更不用說其餘供養了……」說完轉繞世尊三次，再次供養文殊菩薩後，各自返回自己的佛土，並以此法門令無量有情對圓滿菩提生起定解。

《般若七百頌》中說，有人問佛：「世尊，文殊菩薩有不可思議的功德，何以故？他的辯才不可思議。」佛陀讚言：「的確如是。」

《寶篋經》中記載：舍利子對文殊菩薩說：「善男子，譬如，微小金剛也能摧毀諸大山岩。善男子，如是你一毛孔中所有智慧，（也能摧毀眾生如山王般邪見，）極微塵數如我一樣的人也不具有……」

●對大阿羅漢直言不諱，一點不留情面

《無熱惱龍王請問經》[14]中記載：

無熱惱龍王迎請世尊在龍宮傳法時，無熱惱大海出現大如車輪的珍寶蓮花，異常芬芳，有百千花瓣，珍寶瓔珞掩映，其中有一朵珍寶蓮花格外絢麗，令人見而生喜，最為耀眼奪目。

阿難見後問世尊：「這是誰要來的預兆？」世尊告訴他稍等片刻，待會就知道。

沒過多久，從下方過六十恆河沙數剎土的寶頂佛剎土──寶嚴世界，六萬菩薩圍繞著文殊童子，為了聽聞《無熱惱龍王清淨道法門品》前來，升於那些珍寶蓮花上跏趺坐，（文殊童子坐在最大的蓮花上）[15]。

所有眷屬甚感稀奇，頂禮那些菩薩。

文殊童子騰空而起，梵天、帝釋等從上方為其持撐珍寶傘並作禮。此時，文殊童子與那些菩薩一同飛到七棵娑羅樹高的空中，為供養世尊撒下前所未見、前所未聞的花雨，花中傳出寶頂佛向釋迦佛請安的音聲。之後，他們又降下來向世尊頂禮，落座於各自的蓮花上。

迦葉尊者請問世尊：「寶頂如來的剎土位於何處？」

---

14 《無熱惱龍王請問經》所摘內容，在漢文大藏經為《佛說弘道廣顯三昧經（卷3）》。

15 《佛說弘道廣顯三昧經》云：「忽從下方乃於寶英如來佛土寶飾世界。六萬菩薩與濡首俱忽然踴出。還能仁界升於無熱大池之中。各現妙大蓮花座上。濡首童子即就蓮花高廣顯座。」

文殊童子說：「如果你依靠圓滿的神變力飛往那個世界，縱然窮盡壽命而入於涅槃，也抵達不了。」

隨後，迦葉尊者與文殊童子就心解脫的問題進行探討。

迦葉尊者說：「文殊，請施展你的辯才吧。」

文殊童子說：「你沒有與我對答的能力。」

這時，慧積菩薩對文殊童子說：「為何把迦葉尊者想得、說得如此遜色？」

文殊童子答：「因為他是聲聞，並非無所畏懼。」

迦葉問：「對於三解脫，（明明超越分別念，）為何說成相似想？」

文殊童子說：「這是如來的善巧方便，對於無量三解脫門，以相似想而饒益眾生。」

其後，無熱惱龍王與文殊童子同聲說：「色等諸法觀如來，肉眼等雖然不見如來，不等平等無為性，以無分別入寂滅義而觀如來。」在場的諸大菩薩都交口稱讚。

●供佛不該有滿足

《宣說文殊經》[16]中記載：

世尊住在祇陀園期間，由聲聞、菩薩眷眾所圍繞，文殊童子

---

16 《宣說文殊經》所摘內容，在漢文大藏經為《大乘四法經（卷1）》。

手撐十由旬左右的寶傘覆於世尊頭頂。

界賢天子說：「文殊，你供養世尊仍是心不厭足嗎？」

文殊童子回答：「天子，如同大海不厭眾流一般，作為渴求如深不可測之大海般遍知智慧的大菩薩，渴望供養如來永遠不該有滿足。」

天子問：「文殊，應當緣於什麼而供養如來？」

文殊童子講道：「天子，以四種所緣供養如來：緣於菩薩心；緣於為度一切眾生究竟解脫；緣於不斷三寶傳承；緣於清淨諸佛土。應依靠這四種所緣供養如來。」

眾眷屬均欣然隨喜。

●智慧第一者尚且不知，一般人無法想像也很正常

《大乘四法經》中也闡述了相似的道理[17]。經中記載：

文殊童子宣說修行四法的法門時，吉祥賢天子滿懷愉悅之情隨喜，為了供養文殊菩薩，他及眷屬拋撒曼陀羅等天花。依靠佛陀的威神力，即刻間，所散之花上升虛空，微妙香潔、大如車輪、令人見而生喜，蓮花中央出現了諸菩薩，具足三十二妙相。

此時，世尊面帶微笑，尊容放出五彩繽紛之光普照世界，光又再度隱沒於佛身。

---

17 《大乘四法經》云：「文殊師利言：……菩薩摩訶薩應發四種增上意樂心。云何為四。謂攝一切眾生心。成熟一切眾生心。集一切善根心。覺悟一切佛法心。是為四。」

吉祥賢菩薩詢問其中原因。世尊告言：「虛空中獅子座蓮花上安坐的諸菩薩，來自十方，今聚一堂，他們均蒙文殊童子度化而得以成熟，今日仍來此聞法。他們皆為一生補處，將於十方剎土各自成佛。」

　　舍利子呈白佛陀：「世尊，我能於一剎那數盡三千大千世界一切星辰，可是無法用百年時間數清這些菩薩的數目。」

　　世尊告言：「舍利子，假使極微塵遍滿贍部洲，其數尚可了知，而此菩薩之數卻無法徹底知曉。」

　　舍利子問：「哪裡有那麼多的剎土能容納這些菩薩成佛？」

　　佛陀宣講了無佛住世的剎土有無量無邊，如來皆能一一照見的情形及比喻。眾眷屬都說：「我等皆得善利，能值遇如此之師，具有照見一切的大智慧。」

　　隨後，吉祥賢天子對文殊童子說：「尊者，您所做的事業，令無量有情成熟菩提，實在善妙。無論您住於何處、於何處行持此法門，當視為佛陀在彼處出世、轉妙法輪。」

　　世尊讚歎：「的確如此。」

●獨具的講法風格，眾人皆愛

　　《佛說世俗勝義諦經》[18]中記載：

18　《佛說世俗勝義諦經》所摘內容，在漢文大藏經為《寂調音所問經（卷1）》。

佛陀在王舍城靈鷲山時，由聲聞、菩薩及諸天人圍繞而說法。寂靜調柔自在天子請問佛陀：「世尊，文殊童子令人見而生喜，我與眾多眷屬極其渴望聽這位大士說法。」

　　佛陀告言：「他在由此剎土向東方越過一萬八千佛土的具寶世界寶頂如來前。」

　　天子呈稟：「世尊，願祈請文殊童子來此。為什麼呢？在諸位聲聞、緣覺及有緣的菩薩面前，聽不到像文殊童子那樣的傳法，除如來以外，誰也不能這般講法。如來或文殊童子講法時，一切魔宮隱蔽不現，一切惡魔無機可乘，一切外道被完全折服，一切攀緣者變成無攀緣者，妙法得以長久住世，如來也隨喜受持。」

　　佛陀深知天子祈求，由面部的眉間白毫放出光芒，照亮這個世界，遍及具寶世界，召請文殊童子。

　　文殊童子與一萬菩薩一起，在壯士屈伸手臂的頃刻間，便到了佛陀面前，但又忽然隱身不現，從空中撒降花雨，遍覆這個大千世界，高沒過膝。眾眷屬甚感稀有，詢問佛這是什麼原因。

　　佛說：「是文殊童子等那些菩薩的威力所致。」

　　眷屬們希望見到文殊童子和那些菩薩。文殊童子及眷屬遂從天而降，向世尊頂禮，各自落座。世尊開許天子可隨意提問。對於天子的提問，文殊童子宣說了勝義無生、不可言說的自性，不可勝數的大菩薩獲得了無生法忍，無量眾生獲得了利益。

與文殊童子一同前來的那些菩薩，說準備返回自己的剎土。文殊童子加持這個世界變成寶頂如來的具寶世界，一切大眾所見無增無減。所有菩薩以為已回到自己的剎土，當他們入定於等持中才發現，仍在這個娑婆世界紋絲未動，於是讚歎文殊童子的加持並發願。之後，文殊童子坐在墊上，同時入定於等持中，頭頂發出遣除一切有情所緣與無知的光芒，照耀十方浩瀚佛國，令他們以不聽的方式聽到釋迦佛「講法依二諦」，為了供養十方無邊剎土的一切佛菩薩，撒降具足天花和塗香等一切之最的無上大樂圓滿妙雨供雲，周遍一切。他們從等持中起定，以不緣的方式轉繞釋迦佛千萬匝，之後由此娑婆世界返回。

● 對於讚歎，以何應對

《諸法無生經》[19]中記載：

世尊與文殊童子宣說「諸法無生故一切平等性」的意義，金剛句、種子句[20]、橛句時，數以萬計的天子從空中向如來和文殊菩薩拋撒青蓮花等天物，頂禮膜拜，並說道：「世尊，這是無貪的殊妙，那是文殊；世尊，這是不住的殊妙，那是文殊；世尊，這是無實的殊妙，那是文殊；世尊，這是無惱的殊妙，那是文殊；世尊，這是真如的殊妙，那是文殊；世尊，這是無誤的真

---

19 《諸法無生經》所摘內容，在漢文大藏經為《諸法無行經（卷1）》。
20 藏文版本中是薩損句，可能是錯別字，是否應為種子句，請觀察。

如，那是文殊；世尊，這是法界的殊妙，那是文殊；世尊，這是真實際的吉祥，那是文殊；世尊，這是微妙的殊妙，那是文殊；世尊，這是殊勝的殊妙，那是文殊；世尊，這是超絕的殊妙，那是文殊；世尊，這是無上的殊妙，那是文殊。」

文殊童子對他們說：「諸位天子，請不要分別，我真實不見任何法『微妙』、『殊勝』、『超絕』。諸位天子，我是貪欲的殊妙，為此我叫文殊；我是嗔恨、愚痴的殊妙，為此我叫文殊；我不超越貪欲等，凡夫俗子才要超離、超越，而諸菩薩對任何法無所遷移或去往或超離，一切法如幻，無所超離……」

依此，數以萬計的天子獲得了無生法忍。

●女子中也有菩薩化現

《無垢光天女請問經》中記載：

未來世在龜茲，有比丘皎月出世，能使野蠻人從輪迴中解脫，他就是文殊菩薩行持先佛之父的所為。這位文殊菩薩在未來世，也將繼承未來賢劫諸佛的法脈。一旦世尊涅槃，文殊菩薩會轉生為行法的卓內夠札婆羅門，當諸位國王相互發起戰爭時，此婆羅門拿著許多瓶子裝滿舍利。

有朝一日，龜茲境內基本上不會出現菩薩，佛塔和佛像、僧眾的經堂也一無所有，那時文殊菩薩在那個城市變成種族高貴的女子。文殊菩薩的行為如何？是隨心所欲轉變一切的形象，涉及

菩薩相以及國王、王后、比丘、婆羅門等凡屬於欲界的一切眾生相，如同樂師精通樂器而示現各種各樣的形象。在具有貪心的眾生面前，文殊菩薩會示現更大的貪心。

如果問：「為什麼文殊菩薩會示現女身？」

女人具有嚴重的貪心、極愛議論、十分吝嗇，因此，文殊菩薩特意現為女人。女人也有行持菩提行的，為此而這般示現。他投生為女子，有令女人獲得大悲的時候，也有警戒所有女子通曉輪迴過患、遠離男人的情形。

《優婆離請問經》中記載：

文殊童子對優婆離說：「優婆離，一切法極其調柔，為調伏自心而宣說極其調柔。一切法非染汙，我不可得之故宣說調伏惡作……」

優婆離請示世尊：「世尊，文殊童子唯獨從一切不可思議著手而說法。」

世尊告言：「優婆離，文殊童子說法，是解脫的同類因，因為不依於不可思議則無有解脫。所以，文殊童子以遠離一切分別念，對內心無有信解的增上慢者說法。」

● 為聽妙法應該在所不惜

《不退轉輪經》[21]中記載：

天亮前，舍利子步入文殊童子的住舍。文殊童子跏趺而坐，帶著舍利子連同住舍，越過東方恆河沙數世界，到了不退轉世界，在光覆蓮花身如來前聽受了不退轉法輪。又以同樣的方式，向其餘九方越過恆河沙數世界聽法。這樣聽法之後，天還沒亮就回到了娑婆世界。

此時，阿難見祇陀園（房舍園林隱沒不現），遍地都是澄清的水，水中有蓮花，放出樂音、大光明等，感到驚奇，頂禮世尊請問緣由。

世尊告言：「這是文殊說甚深法的象徵。文殊是無畏，此問何以故，此智無垢汙，佛智最無上……」

之後在那裡，文殊童子平等宣說諸法無生，使成千上萬的眾生消除疑惑。

世尊告訴阿難：「這些眾生，往昔文殊童子已使他們成熟菩提。現今於菩提中不退轉，也是因為承蒙善知識文殊童子如此攝受的緣故。」

說法之時，文殊童子以神力束縛了惡魔，使之不能對聞法製造違緣。之後收回神力時，魔王波旬前來，在佛前聽到了不退轉

---

21 《不退轉輪經》所摘內容，在漢文大藏經為《佛說廣博嚴淨不退轉輪經（卷1）》。

法輪的聲音，又聽到了釋迦佛的名號，結果變得老態龍鍾，驚惶失措。

● 入海度眾不可勝數

《妙法蓮花經》[22]中記載：

世尊告訴慧積菩薩：「善男子，稍等片刻，待文殊童子菩薩抉擇法後，我請他返回我的佛土。」

此時，文殊童子安坐在大如車輪的千瓣蓮花上，由眾多菩薩所圍繞，從大海龍王的龍宮騰越到上空，來到靈鷲山世尊的跟前。他在釋迦佛及多寶如來足下頂禮後，與慧積菩薩共相慰問，然後安坐一旁。

慧積菩薩問文殊童子：「你前往大海，調伏了多少眾生？」

文殊童子答道：「這個數目以口無法表達，以心不能測度，稍住片刻自會看見。」

話音剛落，只見數千菩薩坐在蓮花上，從海裡湧出，現於空中，隨後降臨在靈鷲山的上空。這些菩薩均由文殊童子化度而得無上菩提。他們對昔日已步入大乘的菩薩讚歎波羅蜜多，對先前作為聲聞的佛子宣說聲聞乘。他們徹知萬法皆空和大乘法，這都是文殊童子通過宣說《妙法蓮花經》而調化的。

---

22 《妙法蓮花經》所摘內容，在漢文大藏經為《妙法蓮華經（卷7）》。

● 誰說女子不能成佛

慧積菩薩說：「此經甚深微妙，難以證悟。既然諸經無法與之相比，那麼，有通達此經就能圓滿成佛的眾生嗎？」

文殊童子說：「有，就是八歲龍女。她智慧超群，根基睿利，智慧陀羅尼等持和願力廣大，顏色和悅，色相殊妙，具足慈心，言語悅耳，能得成佛。」

慧積菩薩說：「釋迦如來為了無上菩提，尚且要累劫精進，乃至無有芥子許的地方菩薩沒有捨施過生身性命，依靠這種方式積累眾多福德，方得以成佛。誰會相信龍女頃刻間就能成就無上菩提的佛果？」

當時龍女也在現場，她向世尊頂禮後，一邊用偈頌讚歎一邊呈稟：「我要像您這樣成佛。」

舍利子說：「善女人，你雖發起不退轉菩提心並擁有無量智慧，但圓滿佛果實難獲得。即便在多劫之中修持六波羅蜜多，也仍然沒有成佛的可能。況且女身還有五種不能獲得，哪五種呢？梵天王、帝釋、四大天王、轉輪王和不退轉菩薩。」

龍女有一顆價值堪比整個大千世界的寶珠，以此供養佛陀，佛慈悲納受。隨後，龍女對慧積菩薩和舍利子說：「我供養世尊寶珠，他迅速接受，與此相比，我將以更快的速度成佛。」說完，一切世人和舍利子現量見到：龍女的女根消失，生出男根，成為菩薩，前往南方無垢世界在七寶樹下成佛，具足相好的大丈

夫身，光芒遍及十方，為眾生講經說法。娑婆世界的眾生目睹了這一切，聞彼如來說法後，一切有情於無上菩提得不退轉。

● 分辨孰輕孰重非常重要

《聖寶積部·彌勒獅吼聲》[23]中記載：

大迦葉尊者問佛陀：「世尊，未來末世後五百歲時，什麼樣的菩薩會詐現威儀？」

佛告言：「迦葉，被惡友左右、善法意樂薄弱、為求衣食的菩薩屢有出現，他們只精勤於供養舍利，以鮮花等物供養如來舍利塔。迦葉，我為不具智慧的眾生，讓他們種下善根，說要供養舍利，但（那些痴人不解佛陀密意，只行持這一行為。）我對諸比丘說要安住寂靜調柔的行為，對有信心的婆羅門、施主說要供養舍利塔，但那些痴人卻放棄瑜伽、禪修、聽受傳承、誦經而勤於供養。

「迦葉，若有菩薩用遍滿三千大千世界大海到梵天世界之間的青油，插入須彌山大的燈芯，做成油燈供養如來，另有菩薩以圓滿增上的意樂守持淨戒，在親教師或軌範師前，為受持讀誦一個四句偈頌的傳承而邁出七步，其福德勝前者無量無邊。

「迦葉，若有菩薩以遍滿三千大千世界的花香、塗香、末

---

23 《聖寶積部·彌勒獅吼聲》所摘內容，在漢文大藏經《大寶積經（卷88）》中有。

香、燒香，為了供養如來，在十萬年中晝夜六時進行供養，另有菩薩因害怕憒鬧散亂，為利益畏懼三界的一切有情而往寂靜處邁出七步，其福德遠遠勝於前者。

「迦葉，於此作何想？不要認為如來是嬉戲或是為了講說才出此言，你莫如此看。為什麼？這是我現量所見之故。」

●乳臭未乾的童子哪來的這麼大勁

迦葉，過去不可勝數、廣大無量、不可思議、不可估量阿僧祇劫時，花錦如來出現於世，其壽量八劫，正法住世一劫。

那時，四洲轉輪王輔圍有一千位王子，之後，他懷裡又化生出正法和妙法兩個童子。那位國王在八萬四千年期間，放棄一切作意，以殊勝的妙衣、神饌等資具承侍如來和比丘僧眾。當圓滿那天，供養完神饌後，正法和妙法兩位童子及四大軍隊在如來面前頂禮，如是意念啟稟：「世尊，輔輪國王長期積累這麼多善根，有誰的善根能勝過他嗎？」兩位童子心裡祈禱，身體頂禮，即刻大地震動。

花錦如來的侍者難勝請問：「大地為何如此震動？」

花錦如來告言：「善男子，為何有此一問，若講這兩位童子有何等增上意樂、修行甚深法忍、大悲心，頂禮如來雙足是何等殊勝，包括天人在內的世界眾生，都會迷惑不解。」

之後，花錦如來命令具有神變的無愛子：「你來扶起這兩個

童子，顯示一下自己的神變。」

無愛子一手抱一個童子，想讓他們起來，可卻無力扶起。隨後，他用盡大威力、大神變向上扶，卻連他倆的髮梢也動搖不了，整個大千世界都已震動，也無法驚動這兩個童子分毫。

隨後，依靠花錦如來的威神力，無愛子使下方恆河沙數剎土地動山搖，可連這兩個童子的髮尖也動搖不了。

無愛子問花錦如來：「難道我的神變完全退失了嗎？為什麼連出生不久、身體嬌小、占小小之地的幼童也沒辦法扶起。」

花錦如來告言：「無愛子，你的神變並沒有減退。然而，菩薩的加持不可思議，聲聞、緣覺無法動搖、不能思量，即使這個大千世界的一切有情都具有如你一般的神變力，在俱胝劫中顯示各種神變，也無法驚動或動搖這兩位童子。」

在場的四百二十萬眾生聞此，發起無上菩提心，並思量：「菩薩尚未獲得遍知智慧，這些大聲聞都不能令其動搖，具足這樣的神變實在稀有，我等也當獲得如此加持，願證無上佛智。」

此時，大眾中有一慧賢菩薩，請求花錦如來令兩位童子起身。如來彈一響指，其聲傳滿十方恆河數剎土，聲音所到之處，所有剎土大地震動、遍布光明。兩位童子聽到彈指聲後，從如來足前站起，此時大千世界的人天鐃鈸不鼓自鳴，天降花雨。兩位童子起身，在如來足下頂禮並轉繞，然後雙手合掌、目視如來尊容，立於一旁。

花錦如來告訴慧賢菩薩：「這兩位童子禮拜我足，心裡祈禱，已作如上發問。」

慧賢菩薩為利樂眾人，請求如來解說兩位童子所問內容。

如來告言：「善男子當知，若有菩薩安住靜處，住阿蘭若、住極靜處，彈指間獲得無生法忍，此福德比輻圍國王發放布施之福德更大。不說輻圍國王的布施，假設三千世界所有眾生，每一位均如輻圍國王般發放布施，其福德與趣入真正增上意樂之道、如理精進的菩薩僅在彈指間接受、安住於『諸法皆空、無來無去』的福德相比，百千十萬分之一都不及。不說大千世界一切眾生的福蘊，假使恆河沙數世界的每一位眾生在剎那、須臾、頃刻、彈指間均行持了輻圍國王發放布施及盡其所有的有為善法，以這樣的數目，所有眾生在恆河沙數劫中行持布施和有為善法，與這兩位童子以增上清淨意樂頂禮佛足的福德相比，百分之一都不及。」

此時，在場的八萬四千比丘隨喜讚歎這樣的智慧和發心。佛陀告言：「在你們沒有解脫之前，依此（隨喜）善根，將擁有恆河沙數的轉輪王位，之後圓滿菩提而成佛。」

其後，兩位童子依照請教如來的意義而信解空性，住於靜處，讚說法布施，依此他們騰越到七棵娑羅樹的高處，以偈頌宣說深法，使八萬四千眾生發無上菩提心，無量有情生起修行種種善根之因。

隨後，兩位童子從空中降下，宣說發心平等性，使數以萬計的菩薩獲得無生法忍，輻圍國王的千位王子和五千大臣也都發起無上菩提心。

● 所有人都出家，吃穿怎麼辦

之後，兩位童子出家為僧。輻圍國王把王位傳給大王子，攜同其餘王子、八萬四千女眷、五千大臣及俱胝數眾生出家。

大王子登基七天後，獨自前往阿蘭若，不喜王位，萌生出家之意，在月圓日（十五日）周遊四大部洲時，以偈頌表達對出家的嚮往。結果當時整個四大部洲喜愛在家的眾生一個也沒有，全部懷著出家之念。花錦如來徹知這一點後，在四洲世界一切城邑村落，化現出佛及比丘僧眾，使他們全部出家。這些人都出家之後，土地自然長出稻穀，如意樹自然出現人造布的寶衣，一切天人對他們承侍。

兩位童子出家後，勇猛精進，在六十三俱胝年間，從來沒有昏沉、睡眠，除進餐以外，不曾安坐過，所有行止都發起並思維遍知之心，對此不曾有執著、驕慢。他們修成了遍行等持與金剛處等持，不管在何方都是結跏趺坐，安住於金剛自性中，能聽聞十方的十萬俱胝那由他佛陀講經說法，並受持為他人廣傳。

四洲世界一切眾生，若有修學聲聞乘的，沒有一人是以凡夫身死亡的，眾人中即使是懈怠者，命終時也獲得不來果而投生淨

居天；若有修學緣覺乘的，死後於無佛住世的剎土中轉生在富裕之家，依靠以往的善根而出家，七天之中獲得緣覺果，利益無量無數的眾生後趨入涅槃；若有修學菩薩乘的，則成就五通和四梵住，獲得不被他奪的辯才和陀羅尼。

當時的輻圍國王就是本師釋迦佛，大王子是彌勒菩薩，慧賢菩薩是迦葉如來，正法童子就是文殊童子，妙法童子是日藏菩薩。

● 正確的見解是關鍵

正法比丘和妙法比丘（即前兩位童子），精進修行實義，但不供養世尊舍利塔，也不去朝禮佛塔。於是，數十萬天人和初學比丘誹謗說：「這兩位比丘不供養、不轉繞佛舍利塔，因此沒有信心、沒有恭敬。」

兩位比丘說：「諸位法友，我們如此已供養如來，舍利塔無心，如何得到供養？」

比丘和天人說：「這些舍利塔，是戒蘊等法蘊所攝，因此理當供養。」

兩位比丘問：「那麼，不是應該對現見戒、定、慧、解脫、解脫知見者進行供養，而不是供養舍利塔嗎？」

比丘和天人們說：「的確如此。」

二位比丘說：「諸位法友，戒律等的法相是什麼呢？」

天人和比丘們回答：「法相是無行。」

兩位比丘又問：「那麼，以有行能供養無行嗎？」

比丘和天人回答：「不能。」

兩位比丘說：「諸位法友，如此你們該行於無我並依此做供養。於佛有想，尚不見佛，更何況供養之事？無有是處。此外，想供養如來者，當供養自性。」

比丘和天人們問：「想供佛如何當供養自性？」

正法比丘和妙法比丘說：「諸位法友，如來言一切有情皆為供養處，如此當供養自性。隨學如來之所修學，不該有執著心，當辨別法，辨析後也不該思維何法，何時你們能供養自性，彼時也就供養如來了，你們也成應供了。想供養如來舍利塔者，應當如同如來供養自性而做供養，這具有供養舍利塔的功德，所以要修自性，如此就供養了如來。不生想、相，遠離分別我、妄念、常斷來去等一切相，不執相，就是供養如來。真如來身，是不生、不行、不二等法相，不可以生等方式而供養。」他們宣說此法，當場的四萬二千菩薩獲得了無生法忍，八萬四千眾生得以了知並現見、獲得離貪與不來果，以前沒有發心的二萬三千眾生發起無上菩提心。

自此以後，比丘與天人們精進修行利己之自性義，瑣事鮮少，不再勤於供養佛塔等。為什麼呢？因為他們已真正趨入了無上甚深法。

世尊告言：「迦葉，正士當修學如是甚深法忍與善巧方便。」

●我真的不知道

《菩提藏十萬莊嚴陀羅尼經》[24]中記載：

文殊菩薩手拿一個鉢盂，將世尊所說的一切法界攝於鉢中，供養佛陀。佛陀伸出金色妙手接受，拋於前方空中，那個鉢盂變成充滿虛空界的如來身，盈盈遍滿整個大千世界，他們對釋迦世尊讚言「善哉」。在這一一佛前，都有釋迦佛及眷屬眾，一一釋迦佛前，都有文殊菩薩以鉢盛法界供養，現大神變。

金剛手大菩薩問文殊菩薩：「文殊，完全攝集並散射一切如來的稀有大神變，究竟是為誰所現？此中因緣是什麼？為什麼顯現放射光明？」

文殊菩薩說：「金剛手，你難道不知曉光明和神變的因緣嗎？」

金剛手菩薩說：「文殊，我真的不知道。攝集、散射一切如來這樣的大神變，我以前見所未見、聞所未聞，今天對我來說是第一次。」接著，金剛手菩薩旋轉搖動金剛杵，轉繞世尊三匝後，請教佛陀將要宣說何法，以至於出現這見所未見、聞所未聞

24《菩提藏十萬莊嚴陀羅尼經》所摘內容，在漢文大藏經《菩提場莊嚴陀羅尼經（卷1）》中有。

的稀有奇妙神變。

世尊告言：「金剛手，稍等片刻，待會即可明瞭。」

●奇妙無比的陀羅尼

剎那間，佛前出現一個七寶所成、高七千由旬、闊五千由旬的佛塔，眾天人從空中對此供養、作禮。隨之，世尊命金剛手打開佛塔之門。金剛手伸出右手開啟塔門，只見裡面有贍部捺陀金所成的法座，七寶莊嚴、天物覆蓋，在其墊上，出有壞應供正等覺圓滿金面第一勇光幢頂如來正在入定。

這位如來對釋迦佛說：「你這種神變實在奇妙無比，射收一切如來，於勝義中諸法本無合無離的同時，在這世上顯示如此這般奇妙的神變，先佛都不曾有過。現在，祈請您宣說分別王菩提十萬莊嚴陀羅尼。」

世尊宣說了此陀羅尼。

密主金剛手請問世尊這一陀羅尼的功德。

世尊說：「你問文殊吧。」

他依佛言請教文殊菩薩，文殊菩薩宣說了其功德。聽到這些法語的與會眷屬，無餘不退轉於無上菩提，有些獲得了無上菩提授記。

●只是清清嗓子就讓人無法堪忍

《佛說聖寶篋經》[25]中記載：

舍利子說：「我想在文殊菩薩前聽法卻不願意講。為什麼？我見過這位文殊菩薩以前在許多佛陀前說法，令大聲聞都啞口無言。越過東方數百千佛土，有一世界叫澄清，光明頂如來現今住世，他的大聲聞弟子慧燈被讚為智慧第一。我與文殊菩薩一起到了那個剎土，數百千菩薩和天子都跟隨在文殊菩薩的身後。後來文殊菩薩住於光明天清嗓子，聲音傳遍所有大千世界，連一切魔境也出現菩薩的莊嚴聲音。慧燈大聲聞無法忍受那聲音的威力，悶絕倒地，驚恐不已，萬分驚奇地請問光明頂如來：『這聲音是誰發出的？』

「如來說：『是文殊童子的威力。』」

「文殊菩薩前來向如來頂禮，說法後，與慧燈大聲聞討論法義。雲集當場的天子們以各種鮮花撒向文殊菩薩，說：『得見文殊童子，就是現見如來；文殊所住之處，即為佛塔；已了知、將了知文殊所講正法的眾生，將受持一切福德。』」

「爾後，文殊菩薩對慧燈大聲聞說：『既然你被譽為智慧第一，那麼請問，此智慧是有為法還是無為法？』慧燈無言以對。

「依光明頂如來開許，文殊菩薩為其眷屬宣講遠離一切的法

---

25 《佛說聖寶篋經》所摘內容，在漢文大藏經《佛說文殊師利現寶藏經（卷1）》中有。

門，結果八百菩薩獲得了無生法忍。

「所以，任何聲聞、緣覺都無法超越文殊菩薩的辯才，對此無能為力，我等實在不能與文殊相提並論。」

● 這麼大的差距原因何在？

具壽須菩提問：「舍利子，你見文殊菩薩往來遊諸佛土時，是如何大顯神變的？」

舍利子講述：「我和文殊菩薩一起共遊佛土時，有佛土（若起火，自然）遍布充滿蓮花的水，（文殊菩薩踩在火上，）[26]火變得觸而柔軟，猶如蛇心栴檀塗身，或似嘎匝樂德妙衣一般，虛空中充滿了於梵天無量宮中入定的菩薩。此佛土顯現從形成到毀壞，惡趣充滿的遠離惡趣，菩薩以覺支而生之慈普救眾生，什麼是覺支而生之慈呢？一切眾生為貪欲等煩惱所逼，菩薩入定為之說法，斷除彼等煩惱。

「當時我心想，文殊菩薩和我的神變等同。文殊菩薩知曉我這一心念，見此大千世界熊熊烈火，文殊菩薩坐在世界中央說：『是依靠舍利子你還是我的神變力越過呢？』我說：『依靠我的神變力越過。』於是，我依靠神變力示現最快的幻變，熄滅了周

---

26 《佛說文殊師利現寶藏經》云：「舍利弗答須菩提曰。我憶念昔者曾與文殊師利共遊諸國。有佛土火起而燒剎。便有自然蓮華遍布其足。文殊師利蹈上而行。或有滿火其火柔軟。譬如細靡之衣好食美味香。如栴檀塗身及衣臥具。」

圍一尋左右的火，與文殊菩薩一起在七天中越過此大千世界。

「然後到了另一個大千世界，其剎土也在燃火，火勢比之前更廣。坐在烈火中，文殊菩薩問：『舍利子，這次依靠誰的神變力越過？』

「我說：『依靠你的威神力越過。』於是文殊菩薩在一念之頃，就使那個世界遍布蓮花，立即越過了。

「文殊菩薩問：『以我們倆的神力，誰的速度更勝一籌呢？』

「我說：『就像盲鳥跟鳥王比飛翔速度一樣，你的神力速度遠勝於我。所有聲聞沒有斷絕習氣結生，不能與菩薩相提並論。可是之前，我竟認為自己的神變跟你一樣。』

●原來前世也是不同

「文殊菩薩講述：『往昔，在大海邊，住著（兩位仙人，分別是）獲得五通的仙人欲法、依靠明咒威力飛行虛空的仙人普施。普施認為他們二人神變等同。一次，普施飛渡大海到了羅剎洲，聽到羅剎女悅耳的聲音，見到她們的容色，墮落在地，失去了明咒力。欲法懷著悲心，抱他回到自處。當時，我就是欲法，你就是普施。那時我們本不等同，你也認為一樣。』」

● 他在直指心性啊

舍利子又講：「我和文殊菩薩一同去南方佛剎遊歷時，越過了數百千俱胝那由他佛土，來到莊嚴世界寶柱如來的剎土。

「文殊菩薩說：『舍利子尊者，你怎麼看我們越過的剎土？』

「我說：『有些遍布火，有些充滿水，有些成為虛空，有些富饒圓滿，有些正在形成，有些已經毀壞，有些遍滿惡趣，有些遠離惡趣。』

「他問：『當如何看待這些剎土呢？』

「我說：『遍布火就同樣看成是遍布火，充滿水……文殊菩薩，你怎麼看的？』

「文殊菩薩說：『那一切剎土皆為虛空之土，遍布火或充滿水等都非真實，以暫時外緣所致而有生有滅。虛空不是因緣所生，而是自然安住，同樣，暫時的煩惱染汙了心，但心的自性永遠不會被染汙。比如，過去壞劫中，恆河沙數的剎土都被燒毀，可虛空卻不被所焚，一一眾生縱然造了恆河沙數的不善業，心的自性也永遠不會受到染汙。若有人能入自性清淨法界，則無有少許起現，於諸遮障也不作起現想。此無起現之法門，安住於此的菩薩們入於完全清淨之自性，永不被罪過遮障。』

「如是文殊菩薩的神變，我只講了親眼所見的一部分而已。」

●出現了「饑荒」

具壽阿難對舍利子說：「我所見的文殊菩薩，也是如此。

「世尊住在祇陀園時，舍衛城出現非時濃雲，七天七夜降下瓢潑大雨。當時，獲得禪定的比丘們以入定度日，沒有獲得禪定的人在七天中斷了飲食，身體憔悴，想見世尊卻無力行走。

「當時，我替那些比丘請問世尊怎麼辦。世尊說：『把這種情形告訴文殊菩薩。』於是我到文殊菩薩面前，他正在為梵天、帝釋等世間尊主講經說法，我給他講了事情原委。

「文殊菩薩說：『阿難，你去鋪設座具，到午飯時敲擊犍槌。』我照著他所說的去做。

「文殊菩薩入定於滅身等持，以另一個幻化身為帝釋等繼續傳法，與此同時，自己從住所出來，去舍衛城化緣，但我沒有看見。

●背地使壞，終不得逞

「魔王波旬加持整個城市的人，誰也見不到文殊菩薩，誰也不供養齋飯。文殊菩薩知道後，以諦實語說：『我一個毛孔的功德，由具足福德資糧和智慧資糧所生，縱然恆河沙數世界中遍滿魔王，其功德也比不上我一個毛孔。假如我所言真實不虛，願魔的加持當即消失，並且魔王波旬以自己的形相，去大街小巷和三岔路口等處大聲宣揚：請供養文殊齋飯，（供養此人福德

最大，）在十萬年中用一切舒適資具恭敬承侍大千世界的一切眾生，遠遠比不上供養文殊童子一指尖的功德大。』

「文殊菩薩話音剛落，（一切顯現如願而成，）種種齋食互不混雜而盈滿鉢盂，食物富富有餘，足夠宴請五百比丘和一萬二千菩薩。

「這樣示現後，文殊菩薩離開舍衛城，在城外把鉢放在地上，說：『波旬，你舉著這個鉢盂走在前面。』

「魔王從地上拿那個鉢，可它紋絲不動。

「文殊菩薩說：『魔王，如果你有大威力，就用神變力舉起吧。』

「於是魔王施展了所有神變，卻無法令鉢離地一髮梢許。魔王驚奇不已，說：『只要我願意，連持軸山都能拿在手裡，隨意拋接，但為什麼竟無法從地上舉起一個小小的鉢？』

「文殊菩薩說：『你以自己的所有神力，跟大菩薩加注在這個鉢裡的大神力相比，肯定相差懸殊，所以才無法舉起。』

「隨後，文殊菩薩從地上拿起鉢盂說：『波旬，你帶著這個走在前面。』魔王像弟子一樣舉鉢前行。

「（魔王的眷屬）一萬二千他化自在天的天子頂禮文殊菩薩，並問：『魔王波旬怎麼像僕人一樣走在前面？』

「魔王依靠文殊菩薩的威力回答：『魔力是愚痴力，菩薩力是智慧力……』

「依此，在場的五百天子發起無上菩提心，二百菩薩獲得無生法忍。

●取之不盡、用之不竭

「之後，文殊菩薩和魔王波旬一起將那個缽放在圍廊，便離開了。對此，我沒有見到也沒有聽到。

「到了午齋的時候，仍不見文殊菩薩從住舍出入，我不禁暗想：『文殊菩薩沒有欺騙比丘僧眾吧？』遂以此啟稟世尊。

「世尊說：『你難道沒有看見附近的圓形圍廊裡有什麼嗎？』

「我回稟：『那是一個盛滿飲食的缽。』

「世尊吩咐：『擊犍槌召集僧眾。』

「我問：『一缽飯能管什麼用呢？』

「世尊告言：『依靠文殊菩薩加持，假使大千世界的一切有情享用這一缽食物，也不會用盡，他的布施波羅蜜多、福德無窮無盡。』

「當我擊犍槌時，文殊菩薩也在天子、菩薩的陪同下，從住舍出來並到了圓形圍廊。那個缽裡的齋食互不混雜，令數量眾多的比丘、菩薩飽足，卻還沒有用完。

●他們為什麼不吃飯呢

「於是，魔王波旬為了給文殊菩薩製造違緣，化現出僧裙不齊、體態粗鄙、缽盂破裂、諸根不全、相貌醜陋、跛蹇禿僂等各種不悅意的四萬比丘，持缽來取用飲食，但那些飲食仍沒有用完。魔王又加持他們（飯量極大，）每人都吃了摩竭國十藏升的米飯，還沒有飽，盛飯的人都感到厭煩了，可就是不能滿足他們。

「後來，文殊菩薩加持魔化現的那些比丘缽中常滿，手裡也拿著段食，結果放入口中的段食嚥不下去而卡住喉嚨，他們翻著白眼倒在地上。

「文殊菩薩問魔王：『波旬，你的這些比丘為什麼不吃飯呢？』

「魔王說：『文殊，我的這些比丘要死了，你肯定給了雜毒的食物。』

「文殊菩薩說：『能散布毒的他們才會給人毒，無毒之人豈能施予毒？有貪嗔痴罪業是毒，而菩薩相續隨順法品律儀，無此眾毒⋯⋯佛陀的教法是甘露教，是安樂教，是無戲教⋯⋯』依此，與魔王一起來的五百天子發起無上菩提心及大願。

「此時，世尊告言：『未來後五百歲，正法毀滅之際，大多數比丘都會像這些人一樣，衣裝不整，無有正知，威儀惡劣，體態醜陋，罹患眾病，出家不是為了正法，而是為了利養恭敬，

並忙碌各種瑣事。到那時，將出現魔王歡喜、魔業興起之相。因此，精進正法者要制伏惡魔，受持妙法。』三萬二千菩薩依此獲得無生法忍。」

● 開除沒有成功

大迦葉尊者說：「我也親見過文殊菩薩的一些神變：

「世尊成佛後不久，我也出家沒過多久，文殊菩薩為了頂禮、承侍、拜見世尊，從寶柱如來的佛刹來到這個世界。世尊在祇陀園給孤獨精舍結夏安居，文殊菩薩也發誓安居夏三月。可是，我們從來沒見過他在佛陀面前和僧眾中作長淨羯磨。

「三個月過去了，在長淨和解制之際，他才出現。我問：『文殊菩薩，你在夏天這三個月住於何處？』

「文殊菩薩說：『我在舍衛城波斯匿王的王妃那裡。』

「我心想：『這樣犯了墮罪的人，不可以和清淨僧眾一起作解制。』於是從圍廊出來，為開除文殊菩薩而擊打犍槌。

「當時，世尊對文殊菩薩說：『大迦葉擊打犍槌，心裡是對你不起信吧。你要表明自己清淨與自己的行境，以取悅諸大聲聞。』

「於是，文殊師利入定於真實顯示一切佛刹的三摩地，只見在十方恆河沙數的佛土中，各各出現一位頭陀功德如大迦葉般的比丘，為開除文殊菩薩而擊起犍槌。

「世尊問我：『迦葉，為什麼擊犍槌？』我陳述了事情原委。

「世尊整個身體放大光明，對我說：『迦葉，你看一下十方世界。』於是我放眼望去，如前一樣見到（每個刹土都有一位大迦葉比丘，在擊犍槌開除文殊菩薩）。

「世尊問：『你是開除坐在我面前的這位文殊，還是坐在十方佛前的文殊呢？』

「當時我羞愧難當，想扔掉犍槌，可卻丟不掉，它不斷傳出擊打聲。發生在祇陀園的這一情景，在十方佛刹中也原原本本不增不減如是顯現。

「我頂禮佛足說：『我只有片面的智慧，不知菩薩的無量行境才擊犍槌的，懇請文殊菩薩原諒。』

「世尊告言：『迦葉，佛刹中顯現的所有文殊菩薩，都是為了成熟在家有情，而於俗家安住夏三月。儘管他在舍衛城王妃那裡夏安居，可卻令波斯匿王王妃以外的五百女子、五百男子、五百童子、五百童女、五百妓女不退轉於無上菩提，又令眾多有情得聲聞道及趨入善趣。』

「我請問世尊：『文殊菩薩通過怎樣講法而成熟他們的？』

「世尊告言：『你問文殊菩薩，他自會答覆。』

「於是我問文殊菩薩。

「文殊菩薩說：『大迦葉尊者，這些有情並不能依靠講經說

法而成熟。有些眾生通過嬉戲而成熟，同樣，也有些依靠娶妻、制伏、布施、濟貧、示現大莊嚴、種種神變、梵行等各種形相以及恐嚇、粗語、溫柔、饒益等得以成熟。有情的行為千差萬別，故要依靠各種各樣的方法來成熟。現今成熟的所有眾生，以後通過講經說法就能得以調化。』

「我問：『文殊菩薩，你依靠這種行為成熟了多少有情？』

「他說：『盡一切法界。法界、虛空界與眾生界無二……』並宣講了菩薩的三十二盔甲行，使一萬二千天子發起無上菩提心。」

這以上是迦葉所述。

● 深藏不露，巧妙化外道

隨後，具壽滿慈子富樓那說：「我也親自領受過文殊菩薩的一些神變：

「昔日，世尊在廣嚴城積聚精舍中，與大比丘僧眾聚會一處。當時有裸形派真實者，由六萬裸形者所圍繞，被奉為上師接受供養，住在廣嚴城。我入定觀那些外道的善根，發現有許多外道可得度化，於是便到那裡為他們講經說法。可是他們大為不敬，捂著耳朵不聽，並且口出不遜，冷嘲熱諷。我在三個月裡連一個眾生也沒能成熟，敗興而歸。

「此時，文殊菩薩在那裡幻化出五百外道徒，自立為師，然

後偕同五百眷屬，來到裸形派本師真實者面前，頂禮真實者的雙足後，坐在一旁這樣說道：『我等久聞聖者大名，故來此地，願以你為本師，聽受你的教授，無論如何也不見沙門喬達摩和他的聲聞弟子們，不聽與我們教派不符的法。請吩咐我等。』

「真實者說：『好！好！具有信心的你，很快就能宣說我的法。』隨即對眾眷屬說：『你們要和這五百位婆羅門子愉悅和睦相處，分析法義。這些人所說的，你們要認真銘記。』

「於是，文殊菩薩及那些幻化的人，與外道徒住在一起，不間斷宣說苦行和威儀等，時而讚說三寶，時而讚說裸形派真實者的真正功德。他贏得了那些外道的信任。

「在一個適當的時間，文殊菩薩傳法時這樣說：『諸位尊者，按照我們論典、咒語、吠陀及典籍中所提及的，都有讚歎沙門喬達摩的功德。為什麼呢？因為喬達摩出生在無瑕的轉輪王種姓中，為帝釋、梵天頂戴等，婆羅門予以授記，從出家到成佛，宣說具足三善、四梵行的正法……』他這般加以稱讚，令五百外道獲得清淨法眼，另有成百上千的外道發起無上菩提心。

「之後，五百位幻化的人五體投地頂禮說：『頂禮佛陀！』外道所有眷屬也都隨學他們這樣頂禮。當時，天王給他們曼陀羅花說：『你們以此去供養世尊。』

「此後，文殊菩薩由眾多眷屬圍繞，來到竹園園廊中的世尊面前，躬身頂禮，外道徒們也供養曼陀羅花，轉繞世尊三匝，

坐在一旁。接著，文殊菩薩的五百幻人啟稟：『世尊，如來是法身，我等不求見佛；世尊，法即無可言說，我等不求聽聞世尊之法……』以此宣說了諸法無自性而無所求的法門，令二百比丘心無所取而解脫一切漏法。

●迷途能夠知返就好

「有二百位獲得四禪的增上慢比丘說：『這種講法與一切世間相違。』說完從座位上站起，離席而去。

「我對文殊菩薩說：『這二百比丘如此不敬而離開了。』

「文殊菩薩說道：『富樓那尊者，此說法是與一切世間相違。世間中耽著蘊等，依靠斷除它而尋覓涅槃，卻不知輪迴自性不可得即是涅槃，因此當然相違。誰若了知輪迴與涅槃等性無二，那就必然不相違。』以此宣講了諸如此類的法門。

「之後，文殊菩薩在那些比丘所行途中，幻化出大火遍地，這些比丘飛到空中，看見鐵網已覆蓋虛空，向下一看，又發現全部是洪水，他們迷失了方向，毛骨悚然。遙見通往祇陀園的道路，遍布蓮花、青蓮花等，眾人皆為去世尊前聽法，紛紛由此前往，於是他們只好返回，來到祇陀園的竹園圍廊，在世尊面前頂禮，轉繞三匝，站於一旁。

「我富樓那問他們：『你們去了何處，從何處而來？』

「他們說：『我們已獲得阿羅漢漏盡的四禪，神足達到究

竟，但聽到文殊童子宣講與此不符之法，於是從座上離開，結果發現這個刹土大火遍布，不能越過。』

「我請問世尊：『阿羅漢漏盡之地是什麼？』

「世尊告言：『富樓那，行持貪嗔痴之火，絕不可能超離火蘊；以見解之網遮障，絕不可能斬斷鐵網；邁入有河，絕不可能越過水蘊。火蘊等無所來、無所去，是文殊菩薩加持顯現的。同樣，貪等也無來無去，只是以顛倒分別念於本來無我增益為我而已。瑜伽行者即便修成一緣寂止獲得禪定，也不可驕傲、耽執。憑藉禪定堪能之心，對於諸法的因緣，依靠妙觀察而了知十二緣起的生滅，才能證悟諸法自性無生的勝義。』依此，這些比丘解脫了一切漏法。

● 不能小瞧異教徒

「後來，裸形派真實者偕同五百眷屬來到世尊面前，說道：『我屢屢聽說沙門喬達摩勾引別人的眷屬，如今算真正領教了。文殊分裂我的眷屬，增加喬達摩的弟子，做完這些之後，他再也不來我跟前了。』

「這時，有遍行者叫嘉偉羅珠，坐在眾眷屬中，（是真實者的好友，他）對真實者說：『不要對世尊及其聲聞和文殊菩薩不起信心，否則，你將長久無意義受苦。外道的奇特修行等，就像攪拌水而求酥油，是顛倒的；世尊的法，如攪拌乳汁而求酥油，

是無倒的。好比捨棄泥造的瓦器而選擇珍寶器一樣，捨棄外道而成為如來教的法器，則無有欺惑，如同迷途知返。離繫師，把你的眷屬帶走吧。』

「此時，一萬二千裸形派教徒隨真實者離去，留下的弟子都獲得神通，依靠世尊說『善來』而出家。

「世尊對嘉偉羅珠說：『與真實者一起離開的一萬二千裸形者，因聽聞此甚深法，將來會成為彌勒如來的首批眷屬。真實者，成為彌勒如來弟子中智慧第一，如同現今我的舍利子一樣。他現在雖然對我有信解，但由於增上慢而不捨自己的見解。』

「隨後，文殊菩薩與世尊對嘉偉羅珠宣說了莫生我慢、要精進不放逸等道理。嘉偉羅珠發起菩提心，證得無生法忍，並獲授記將來成佛，佛號智蘊。」

如富樓那所述這樣，眾人在世尊面前，也紛紛講述了文殊菩薩如何顯示絕頂神變和說法神變。

● 菩薩雲遊並非遊山玩水

《華嚴經》[27]中記載：

文殊童子住在無住樓閣時，與無量同行大菩薩，以及常侍身後的金剛神，屬於身類的天神、屬於足行類的天神、地上的天

---

27 《華嚴經》所摘內容，在漢文大藏經《大方廣佛華嚴經（卷4）》中有。

神等，諸夜叉王、乾達婆王等，帝釋天王、梵天王，大興佛事讚歎、供養佛陀。文殊童子佩戴菩薩圓滿裝飾，從自己的住處出來，數百次轉繞佛陀，以大量供品做供養後，前往南方雲遊去了。

隨後，舍利子依靠佛陀的加持，看見文殊童子以菩薩圓滿的神變、莊嚴經過紫達園往南方而去，心想跟他一起出遊。於是舍利子由大約六十位比丘前後圍繞，從住處出來到世尊的住所，頂禮世尊，請求開許。得到開許後，他便與文殊童子一道外出。

和舍利子同行的比丘，有海慧比丘、大善授比丘、福光比丘等，全是出家不久的新比丘。他們均於過去世承侍諸佛，有著甚深勝解，對如來功德與正法體性以廣大的見解、勝解心行持，具備利他心，這全是依靠文殊童子講法而調伏的。

具壽舍利子要上路時，看著比丘們，對海慧比丘說：「你可觀察文殊童子的身體，由善妙的相好莊嚴，普皆清淨，人天莫能思議；（你可觀察文殊童子的圓光，）光芒純淨，令無量有情生起歡喜，光網莊嚴能消除無量有情的痛苦；（你可觀察文殊童子的）眷屬圓滿，均是往昔善根之所攝受；（你可觀察文殊童子的所行之路，）暢通無阻，勝伏諸道之莊嚴，能觀見諸方；（你可觀察文殊童子的福德圓滿，）所行之處，左右皆有大寶藏，這由往昔承侍諸佛的善根及等流果所感，（隨便前往何處，都會有寶樹，）從一切樹隙間出現許多莊嚴具；（你可觀察文殊童子，）

普受一切世間天尊頂禮，他們降下供養雲；（你可觀察文殊童子，）十方一切如來傳播妙法時，放出各種光明，於其頂上呈現……」

諸如此類，具壽舍利子在路上為眾比丘講了文殊童子的無量功德莊嚴，令其明瞭。聽到文殊童子如是功德後，這些比丘心意清淨、澄明、離過，一切障礙不復存在，對佛陀與正法心生信解而嚮往，成就菩薩無礙善根，諸根普皆清淨，信心、悲心力增長，深入諸波羅蜜多，顯現十方如海佛陀，對一切種智的境界深生信樂。他們對舍利子說：「親教師，我等祈求去親近這位大士。」

隨後，舍利子帶這些比丘一同前往文殊童子處，說：「文殊菩薩，這些比丘想見你。」

此時，文殊童子被無量菩薩、種種眷屬所圍繞，威嚴猶如象王。這些比丘頂禮文殊童子雙足，恭敬合掌說：「惟願大士您、親教師（舍利子）、釋迦牟尼如來證知，我們今日得見您、頂禮您，願以此善根，以及我等過去所積善根，獲得如您一樣的身體、妙音、妙相、神變。」

● **要有不厭煩的耐心，尤其是修行**

文殊童子對他們說：「諸比丘，若有善男子或善女人，具足十種不厭之發心，趣入大乘，不要說菩薩地，就是如來地也能勝

伏。哪十種呢？觀見、供養如來等不厭之發心；積累善根不厭之發心；尋覓正法不厭之發心；修行菩薩波羅蜜多不厭之發心；成就等持不厭之發心；一切時分趨入（三世流轉一切諸法）不厭之發心；清淨如海剎土不厭之發心；成熟一切有情不厭之發心；於一切剎土一切劫中修持菩薩行不厭之發心；為成熟一個有情，行持一切剎土微塵數的波羅蜜多，以此成就如來一力，如是漸增，為成熟一切有情而成就如來一切力，於此不厭之發心。具足這十種發心，則能長養一切善根，脫離輪迴一切生死，超離聲聞、緣覺一切地，成就如來一切種性，清淨菩薩一切行為，趨入如來一切功德，降伏眾魔及怨敵，入菩薩地，近如來地。」

這些比丘聽聞此話，得證親見一切佛陀的無礙眼境等持，依此威神力，見到十方無邊無際剎土中的如來，了知並得見轉生於彼剎土的所有眾生，乃至他們的極細微痛苦。得聞那些如來以如海梵音講經，種種詞句、文字表示，皆能徹知。能觀察彼世界中一切眾生的心思、根基和意樂，能憶念他們過去未來各十生事，也能趨入那些如來十種法輪修行的含義，趨入十種神變修行，趨入十種說法修行，趨入十種隨教修行，趨入十種無礙解修行。諸位比丘剛獲得這一等持，就圓滿了一萬菩提心支和一萬等持，一萬波羅蜜多分支也得以清淨，並以大光明智慧光的威力，獲得菩薩十種神通。

文殊童子將獲得細微神通幼苗、菩提心穩固的他們，安置於

普賢行為中，令其趨入並修行如海大願。依靠這種力量，他們心得以清淨，身體也得以清淨，獲得廣大神通而不退轉，跟隨文殊童子而不動搖。為了承侍文殊童子、成就佛陀的一切法，於十方世界修行一切如來的身事業雲。

●一百五十三參的善財

文殊童子勸這些比丘發起阿耨多羅三藐三菩提心，之後漸次南行，來到樂源城。在城的東邊，有個名為娑羅樹錦幢莊嚴的森林，裡面有一座佛塔，常為天龍夜叉等所供養。在那裡，文殊童子宣說了名叫「法界經藏光明」的千萬俱胝那由他經藏。聽到此法後，海裡數百千俱胝那由他龍族，對如來功德深生愛樂，斷絕了龍相續而轉生為天人和人，其中一萬諸龍於無上菩提得不退轉。文殊童子宣說這一法門，令無量無邊的眾生於三乘中各得成熟。

後來，樂源城的人們聽說文殊童子住在娑羅樹錦幢莊嚴林，於是（紛紛出城，前往拜見。）大慧商主優婆塞由善施居士等五百居士圍繞，大慧優婆夷由賢光優婆夷等五百優婆夷圍繞，商主之子善財由商主之子善禁行等五百商主之子圍繞，施主大慧之女妙善由善賢女等五百童女圍繞，他們來到文殊童子面前，在其足下頂禮，右繞三匝，站於一旁。文殊童子攝受了這些眷屬，以慈心滿足他們，以悲心講經說法，根據其修行、智慧和意樂，以

大無礙解講法。

之後，文殊童子歡喜地看著商主之子——善財，注視著這個承侍過諸佛並生起廣大善根等具有殊勝功德的童子，與其歡悅言談以後，從佛陀的一切法及諸法所攝所得等入手，宣說正法，令善財及諸大眾發起無上菩提心，憶念起過去所種善根。之後文殊童子離開了。

●善知識是一切功德的源泉

商主之子善財聽到如來的功德及殊勝後，精進信受圓滿菩提，跟隨在文殊童子身後，以偈頌讚歎，請教菩薩所行之道。

文殊童子說道：「善男子，你發無上菩提心，想要隨行善知識、圓滿菩薩道而思維菩薩行，善哉善哉。善男子，依止、請教善知識是成就遍知的根本，因此要恭敬承侍善知識，毫不厭倦。」

善財請問：「當如何修學菩薩行、如何策勵？」

文殊童子隨之讚歎「善哉」，教誡了尋覓善知識和教法，然後授記說：「南方那一地帶，是人間最妙之境。在妙頸山上，住著一位雲吉祥比丘，你到他面前請問如何修學菩薩行，他會為你宣說普賢行門。」

其後，商主之子善財依文殊童子所說，不畏艱辛地前往雲吉祥比丘等諸位菩薩前尋求菩薩行，期間親眼目睹了大菩薩們的

稀奇神變。之後又依照前前授記，連續不斷到善知識面前，這些菩薩也以不可思議、各不相同的事蹟利益他、加持他，其他菩薩即使在俱胝那由他劫中與這些菩薩相伴，也不知曉這種行境。依此，善財獲得了廣大功德，最後根據吉祥生童子與吉祥慧童女授記，來到彌勒菩薩面前。

●依止宿世有緣的上師格外重要

彌勒菩薩讚歎了菩提心，在樓閣上宣講佛菩薩如海的傳記、加持，令善財獲得了陀羅尼、等持等廣大殊勝功德。

隨後，彌勒菩薩親言：「善男子，你仍需要去往文殊童子前，請教菩薩如何修學等問題，這位善知識將為你分別顯示。為什麼呢？修行文殊童子的行為，這種殊勝願力，百千俱胝那由他菩薩也不具有。修行他的大願及修行他的一切殊勝功德，不可限量。文殊童子相當於百千俱胝那由他佛陀之母，為百千俱胝那由他菩薩宣說教授，以最勝精進成熟、調化一切有情界，以名號克勝十方世界，在如來的所有眷屬中成為語大士，受到一切如來讚歎、稱揚，行持真正如實現見一切法的甚深智慧，深入一切解脫境界，究竟普賢菩薩諸行。善男子，這位善知識，會令你生於如來種姓，一切善根與日俱增，修行菩薩的眾多資糧，依止真正的善知識，真實激發一切功德，趣入一切大願，深入一切大願修行，聽聞一切菩薩深密意，真正宣說菩薩不可思議的功德。隨

行前世，善男子，你現在當住於文殊童子足前，得受一切功德教授，切莫厭倦懈怠。為什麼呢？善財，你先前見過多少善知識、聽受過多少殊勝行為、趨入多少解脫之理、通達多少殊勝願力，且觀這一切，均是文殊童子的威神力和加持。文殊童子已獲得一切之最的波羅蜜多。」

於是，商主之子善財頂禮彌勒菩薩足，周匝轉繞成百上千次，再再瞻仰而離開了彌勒菩薩。

●再續前緣

雲遊了一百一十座城市以後，在一個名叫悅意生的地方，善財心想於此能遇到文殊童子，而禁不住歡喜。文殊童子從一百一十由旬以外，伸展妙臂為商主之子善財摸頂，說道：「善男子，善哉善哉！若不具信根、心生疲厭、心志怯懦、退失精進、於少功德而生知足、耽著一種善根、不具善巧方便，則不能親近諸善知識，佛陀不予垂念，也不能徹知這種法性，無法通曉、誠信或獲得這種行境之處……」文殊童子為善財真實宣說正法，歡喜讚歎，令他獲得無數法門和無邊智慧大光明。依靠菩薩的無邊總持、等持、辯才、神通作加持，他安住於普賢行壇城中。

文殊童子如是顯示無邊微妙法義，並勸善財修習，之後在他面前忽然不現。

隨後，商主之子善財看到普賢菩薩住於毗盧遮那佛前，普賢菩薩的身體無比清淨，隨其一分，也有不可思議、盡法界的如海功德，依其加持，獲得了彼等所趨入的等性行境。當時，普賢菩薩以妙音誦出《普賢行願品》中的「文殊師利勇猛智，普賢慧行亦復然，我今迴向諸善根，隨彼一切常修學……」

● 這樣的神變，真的不是以凡夫分別心所能觸及

《聖寶積部·說佛不可思議境經》[28]中記載：

文殊童子宣說佛陀的境界無所得、平等性，以此利益了無量眾生。

隨後，吉祥賢天子說：「文殊童子，你平時常在贍部洲說法，請你也前往兜率天，為兜率天的天人們講法。那裡的天子曾承侍過去諸佛，種諸善根，境地勝妙，但因（生於天中而）放逸無度，失去在世尊和你面前聞法的機會。（你若能前往兜率天傳法，）他們必能因聽聞正法而增上善根。」

文殊童子示現神變，幻化出極其莊嚴的兜率天宮，遍布舒心悅意的經堂和宮殿等，並加持吉祥賢天子與（此會中）一切眷屬以為自己已趨入兜率天。吉祥賢天子見到自己種種嚴飾的住所，又見到所有侍從，頗感稀奇，對文殊童子說：「這麼快就到了兜

---

28 《聖寶積部·說佛不可思議境經》所摘內容，在漢文大藏經《文殊師利所說不思議佛境界經（卷1）》中有。

率天，看到這裡的宮殿、經堂等，乃至我的住所、侍從，真是神奇。」

具壽須菩提對吉祥賢天子說：「天子，你在此處絲毫未動，並沒有前往兜率天。然而，所有眷屬都認為已入兜率天境，這是文殊童子的神變和加持。」

吉祥賢天子啟白佛陀：「世尊，文殊童子的神變示導及等持的加持力真是不可思議，我們這些眷屬在此方紋絲未動，就覺得已到兜率天，太稀有了。」

佛陀告言：「天子，文殊童子的所有神變示導，你只知少分，而唯有我能全部了知。天子，文殊童子以神通之力，能將恆河沙數佛剎的所有功德莊嚴，於一個剎土中真實展現。又能將恆河沙數剎土集在一處，狀如繒束，安放在上空中。又能將這些剎土的所有大海注入一毛孔，而對其中眾生無損，他們仍以為安住在各自的大海中。又能將這些剎土的所有須彌山王納為一座山，此山再放入芥子內，而居於山上的天人無有損害，仍以為居住在自己的處所。又能將這些剎土的所有五道眾生置於掌中，以世上一切安樂資具使他們享受快樂。又能將恆河沙數剎土燃燒的所有火集在一處，大小猶如一個燈炷，所有火事與之前無別。又能令恆河沙數剎土的所有日月，被他一毛孔的光芒遮蔽。天子，文殊童子的神變示導，我在一劫或多劫中也說之不盡，他具足如此不可思議的神變示導與加持。」

●再惡也有發善願的時候

魔王波旬坐在眾眷屬中，把自己變成比丘形象，對佛陀說：「世尊，讓我見識一下文殊童子的神變示導吧。你只是宣稱他有這些功德，（我不相信，）要讓我現量見到。」

佛陀明知他是波旬，但為增長無量眾生的善根，而告訴文殊童子：「文殊，我勸請你在這些眷屬前展示自己的神變示導，以令無量有情增長善根。」

文殊童子接受世尊教誡，入定於以心駕馭萬法幻變三摩地中。剛一入定，所有眷屬就目睹了如上所說的神變之事，如佛所言不增不減，大眾倍感稀奇。

佛說：「善哉，善哉。佛陀出世是為一切眾生安住大義，因佛出世才使得這樣的大德也出現於世，如此不可思議的神變是世間光明。」

波旬親見文殊童子大顯神變，驚奇不已，雙手合掌頂禮文殊童子，如是說道：「文殊童子的神變示導真是不可思議，真是稀有。若有眾生聞此神變，心生信解，頗覺神奇，世尊，即使魔王波旬多如恆河沙數，對如此信解的眾生也不會製造違緣。世尊，我魔王波旬常於如來不斷尋隙，心喜損害一切有情，若見有人精進行持善法，必定對其製造違緣，但從今以後我發誓：只要是此法門行持之處，一百由旬之內，我會視若無睹（、無有所作），若有人受持、講說此經，我對其生本師想，予以恭敬。然而，我

的眷屬樂於對佛法製造違緣，使精進者散亂，為阻止他們，我說此密咒而供養……」

佛陀讚言「善哉」，之後說：「魔王當知，你在這裡宣說密咒，令恆河沙數世界出現六種震動，你的所有辯才，都是文殊童子的加持。」

此後，文殊童子要去兜率天，吉祥賢天子隨同菩薩、聲聞等眷屬一同前往。此時，從四大天王天直至色究竟天之間的眾天人都聚集在那裡，文殊童子通過講經說法，利益了無量有情。

隨後，應吉祥賢天子之問，文殊童子入於無垢光三摩地，使上方十二恆河沙佛剎直至普賢如來的功德光剎土，一切剎土都遍布光芒。（普賢如來的）眷屬請問原因，普賢如來講述了其中緣由，使得那個剎土的菩薩都祈求得見娑婆世界的釋迦佛和文殊童子。於是，普賢如來腳掌放光，光芒遍照（下方十二恆河沙佛土一直到）娑婆世界，使娑婆世界和功德光剎土的所有菩薩相互見到了彼此的剎土。

其後，普賢如來問諸位菩薩：「善男子，在娑婆世界將獲得大法語，你們誰樂於前往？」持智燈大菩薩（從座上站起，發願前往娑婆世界。於是他）由十俱胝菩薩圍繞，在壯士屈伸手臂的剎那間，來到（娑婆世界兜率天宮，他對）文殊童子恭敬頂禮，之後說道：「普賢如來派我到這裡。」眾眷屬對文殊童子（以三昧力放光，令上方諸菩薩來此聞法）的神變感到稀有。隨後，文

殊童子為與會大眾講法。（圓滿之後）於一念頃，從兜率天消失，偕持智燈菩薩及其眷屬一同來到世尊面前。他們對佛陀恭敬頂禮，之後坐於各自座上。

世尊教誡諸位眷屬：「大眾當知，此聖士文殊菩薩、持智燈菩薩，為成熟無量眾生，示現如此神變和加持。這兩位大菩薩已成就種種方便、無礙解、智慧、辯才，已於無數劫行持佛陀的事業，為利眾生而安住世間。若有眾生見此二位菩薩，則得六根自在，永不入於眾魔境界。」

●萬法皆空，修道幹麼

《聖寶積部·宣說法界無別經》[29]中記載：

文殊童子宣說一切法皆是法界自性、無染無淨、無縛無解的甚深意義時，眷屬中有兩百比丘說：「如果解脫不存在，那我們出家、精進修道還有什麼意義？」於是心灰意冷，從眷屬中離去。

在他們回去的途中，文殊菩薩幻化出一位比丘，對他們說：「我是對文殊童子講法沒有信解、沒有誠信才離開的。」

他們說：「我們也是這樣。」

幻化比丘又說：「你們單單是因為沒有信解離開，還是說要

---

29 《聖寶積部·宣說法界無別經》所摘內容，在漢文大藏經《大寶積經（卷25）》中有。

捨法、口出惡語而離開的？」

他們回答：「我們只是沒有信解而離開，沒有捨法、沒說惡語。」

幻化比丘說：「諸位尊者，非諍訟是第一沙門法，切切不可口出惡語，切切不可爭論。我們同路而行吧。諸位尊者，你們觀察這顆心是藍色還是黃色等顏色？是真實，還是非真實？是常有，還是無常？是有色，還是非有色？心若非有色，無所宣說，無所顯現，無礙無住，非能詮表，那這樣的心住在裡面，還是外面，或是二者之間？有所得嗎？」

比丘們說：「沒有。」

「那麼，真正有圓成實嗎？」

他們說：「並沒有。」

幻化比丘問：「不是真實、不是圓成實的它，有解脫嗎？」

他們回答：「沒有。」

幻化比丘又說：「諸位尊者，正因為如此，文殊童子才宣說法界自性無有染淨，但被顛倒蒙蔽的凡夫異生，執著我與我所，並安住其中，從而生起有緣執的心。雖然心緣取出家、修道，但這樣的心無有自性，離生住滅，無染無淨，無有所證，正是考慮到這一點，文殊童子才如此解說。」依此，二百位比丘心無所取而解脫一切漏法。

隨後，他們回到文殊童子面前，脫下各自的上衣，披在文

殊童子身上,說:「請文殊童子您救護我們。我們都沒有捨棄妙法,從今以後,唯一趣入甚深正法。」

●精彩的回答

隨後,須菩提尊者問那些比丘:「諸位尊者,你們獲得了什麼?現證了什麼?為何將各自的法衣披在文殊童子身上?」

他們說:「須菩提尊者,我們一無所得,無有現證,為此我們才將各自的法衣披在文殊童子身上。須菩提尊者,因為我們有獲得之想,彼時才從座而起,從眷屬中離去。我們已遠離了獲得之想,所以才回到這裡。所謂的獲得,是一種動搖的慢心,實則無所獲得、無所現證。」

須菩提問:「是誰調伏了你們?」

他們說:「無得、無生、心無散亂入定即調伏。」

須菩提問:「是誰這樣說而調伏你們的呢?」

他們說:「問文殊童子吧。」

於是,阿難問文殊童子:「是誰調伏了那些比丘?」

文殊童子說:「勝義中誰也沒有調伏,名言中以如幻的幻化而調伏。」

●「刺痛我心」

之後,(應阿難之問,)佛陀為勝寶天子授記,如是音聲

令魔宮震動，到處遍布這種授記聲，於是波旬偕魔軍來到世尊面前，說：「授記三千世界的一切眾生都成阿羅漢，我可以隨喜，唯獨授記一位菩薩成佛，我不隨喜。（為什麼呢？若菩薩得授記無上道，）我的魔宮暗蔽不明，而且這位菩薩將以三乘法，拔濟無數眾生出離三界，以此大大刺痛我心。」

文殊童子說：「波旬，你來也好，沒來也好，都不能對此製造違緣。因為這樣的菩薩趣入殊勝意樂，具足善巧方便，行持般若波羅蜜多而得出離。」

佛陀以威德力加持魔王波旬，向文殊童子請教了何為殊勝意樂、善巧方便和般若波羅蜜多。文殊童子一一作了答覆。

●魔王演說深法

其後，勝寶天子對文殊童子說：「把這個障礙（大乘行人）受持正法的魔王波旬，連同其魔軍、坐騎和處所，都吞入自己的腹內吧。」

文殊童子說：「這不是菩薩的做法，我要加持魔王波旬顯現妙相莊嚴的佛身，坐在獅子座上，以佛陀的辯才宣說正法。」

魔王聽聞此話，想要隱身逃跑，卻沒有得逞。緊接著，眾眷屬看到魔王以佛陀身相坐在獅子座上。文殊童子對魔王波旬說：「波旬，你獲得了一切如來的菩提，以佛身坐在獅子

座上了。」

依靠文殊童子的加持，魔王波旬說道：「文殊童子，世尊尚且沒有獲證菩提，何況是我。為什麼呢？菩提是遠離獲得之貪的法相，因此對於離貪者而言，無所獲得，也無所現證。菩提是證得無為法，是無所獲得的法相。同樣，菩提是三解脫門的自性，是法界、真如、真實際、無我的體性，無有任何現前圓滿成佛之事。若能於諸法體性無有分別，這就是佛陀。」

魔王宣說這種教義時，五百菩薩獲得了無生法忍。

●「兩尊佛」互相問答利益頗大

之後，舍利子對文殊童子說：「文殊童子，你加持魔王波旬以佛陀身相宣說如此深法，真是稀有。」

文殊童子說：「舍利子，我也能加持樹木等無情物如此說法。對於舍利子尊者你，我也能通過加持，變成如此。」

舍利子心想：「如果文殊童子加持我也這樣做，令聲聞現本師佛陀的身相，是不共的戲弄，我要從眷屬中消失。」可是，依靠文殊童子的威力，他無法隱身。

文殊童子知曉他的心念，遂加持舍利子變成佛陀身相，坐在獅子座上。對此，所有眷屬有目共睹。

隨後，文殊童子對舍利子說：「舍利子尊者，你可與魔王波旬共同講法，就像如來說法一樣。」

顯現佛陀身相的舍利子，對顯現佛陀身相的魔王波旬發問：「波旬，諸佛菩提是何等體性？」

波旬回答：「舍利子尊者，證悟諸法平等，是諸佛菩提的體性……」

他又反過來問：「舍利子，一切如來住於何處？」

舍利子回答：「波旬，如來住於生死平等中……」

依此，八百比丘心無所取而解脫一切漏法。諸天子等對舍利子、魔王生信者中，有三萬二千眾生發起阿耨多羅三藐三菩提心。

正是為了調伏這些天子，文殊童子才加持魔王波旬和舍利子尊者顯現妙相莊嚴的佛陀身相，完畢後又收回這種加持，使他們恢復成原本的樣子。

之後，來自不同佛剎的數千菩薩聚集於此，依靠文殊童子宣講的法界體性無分別這一法門而得以成熟。

世尊教誡：「諸菩薩，當受持此法。我滅度後，此法將廣興於贍部洲。」

● **不出家，是最好的修行**

《聖寶積部・大顯神變法門》[30]中記載：

---

30 《聖寶積部・大顯神變法門》所摘內容，在漢文大藏經《大寶積經（卷86）》中有。

往昔過去無量大劫之前的現喜劫時，在如山王如來的教法中，文殊童子是一位名叫法幢的說法比丘。當時，善莊嚴轉輪王統治四洲，並有一千位王子。

法幢比丘對他們宣說菩提的本體空性、無有執著之理及一切菩薩的甚深行為，他們生起無比的歡喜心，脫下身上的莊嚴飾物供養法師。法幢比丘說：「較此更為超勝的供養，是發菩提心，於如來教中出家。」

轉輪王聽後，不顧欲妙喜樂和國政的富有，去如山王如來面前請求「我想在如來的教法中出家」，並得到開許。國王又對一千王子說：「你們中誰喜歡治理國政，令一切眾生受持正法？」

他們都說：「父王，請開許我們也出家。」

他們中有一位叫大悲童子的王子，對那些兄長說了如下偈頌：「出家積眾德，雖是如來說，然具悲心故，利生我執政。有生我梵行，受八關齋戒，不事花塗香，如是不飲酒……不貪執自利，成熟諸有情。」

如來對他賜言「善哉」，隨後說：「殊勝士夫，善哉善哉，若真實受持八種學處戒律之法，在家菩薩也具有等同出家的功德。你的大悲也能無餘修行出家的功德。」

國王將國政交付給這位王子，之後，攜同九百九十九位王子出家。他們生起了五通、總持、正念和聞法的智慧。大悲童子

太子每月十五於四大部洲宣講正法，使九億二千萬有情發起無上菩提心。他們對如來教法生起信心而出家，於無上菩提中不復退轉。

當時，善莊嚴轉輪王就是現今文殊攝受的商主天子，千位王子是賢劫千佛，大悲童子太子是本師釋迦佛。

● 文殊與佛有何差別

其後，舍利子說：「文殊童子，你與這位商主天子長久修持梵淨行，承侍眾多如來並增長善根。」

文殊童子說：「舍利子，所謂梵淨行，是八聖道的異名，道是有為法，而我即無為，所以我並非久修梵行；梵淨行是行為的本性，而我無所行，因此並非久修梵行……」

又說：「（所謂承侍眾多如來，）如來無所照見、無所顯示等，超離一切蘊處，是真如、真實際、法界、等性、離戲等的體性，為此，我無法恭敬承侍。

「（所謂增長善根，）善根不是一切染汙品之根、一切執著之根，不是聲聞、緣覺所證之根。菩薩的善根，是不捨棄遍知之心，成熟一切有情，受持一切正法，修行波羅蜜多、總持、辯才、無礙解、十力等之根。」如是宣說了這三者的真義根本定解。

所有眷屬都說「善哉」，以種種鮮花撒向世尊與文殊童子，

說道：「當知文殊童子無論住於任何佛剎，那裡即出世了兩位如來。」並說：「任何眾生，若對文殊童子所宣說的法不驚不怖，則善根不淺，他們能阻止一切魔業，獲此大乘光明。」

●無誤講法是大神變，無誤信受也是大神變

世尊聽到這些眷屬所說，顯得非常喜悅，隨後告言商主天子：「天子，何人聽聞文殊童子所說而信受，這也是大神變，他們不畏懼除此之外的一切神變。何以故？天子，對於有恆常之想的一切眾生宣說無常；對於有安樂之想的一切眾生宣說痛苦；對於有我想的眾生宣說無我；對於有清淨想的眾生宣說不淨；對於有實想的眾生宣說無實；對於有見想的眾生宣說空性；對於有相想的眾生宣說無相；對於有三界想的眾生宣說無願；對於有我執、我所執之想的眾生，宣說遠離一切見，這是世間的大畏，若不畏懼這些，就是真正調柔。因此，所有真正調柔者無所畏懼，不被畏懼之法和我執、我所執攝持，由此無有所依，無有動搖，無取無捨等，無倒真實成就，無礙現前正見、正定等，直至現前佛陀的一切法。對無作、無生之一切法，以法的次第如此宣說，這也是大神變。」

舍利子對文殊童子說：「我們不論向文殊童子你請教什麼，你言談之間都能顯示佛陀的一切法。」

文殊童子說：「舍利子，諸法無主人，無盡、永恆不住等，

才能隨心所欲而修行、講說等。這些法不能從何處取來，也不能帶往何處，它們不是積集性。不管解說也好，沒有解說也好，都不捨法的真如。一切眾生與一切佛陀的說法形成文字，所有文字並不是從身出生，也不是從心出生，而是由因緣所生，所有文字無所積集。同樣，心與心所的一切法也無所積集，煩惱的所緣與斷煩惱的智慧也無所積集，依靠一無所住的智慧，斷除不住的一切煩惱，這就是大神變。」

隨後，商主天子與文殊童子研討佛法，利益了芸芸眾生。

● 念念不離的就是利益群生

《聖寶積部・聖善住慧天子請問經》[31]中記載：

文殊童子獨自一人安靜住在自己的處所，真實安住內觀，入定於無染無心離心等持中。剛從中起定，十方無量佛剎出現六種震動。他不禁思量：「如來難以出世，若於佛前聽法，能滅盡一切有情的痛苦。我要去往如來面前成辦一切眾生的善根，令諸位菩薩對不可思議的佛陀之法無有懷疑，圓滿菩提。本來這個（娑婆）世界的所有眾生三毒嚴重、愚痴不敬、具不善法、遠離佛法僧，若能聞法，其慧眼將得以清淨。」

接著又想：「我還要召集數十萬之多的十方菩薩於如來前聞

---

31 《聖寶積部・聖善住慧天子請問經》所摘內容，在漢文大藏經《聖善住意天子所問經（卷1）》中有。

法，以身證現前此甚深法忍。」想到這裡，他入定於普明無垢莊嚴等持中。當即，十方盡恆河沙數剎土遍布柔妙無垢大光明，世界之間的重重黑暗和山巒鐵圍、密林等都被那光芒照亮。

十方那些世界中住世的諸佛前，各自的侍者請問：「這前所未見的悅意光芒是什麼因緣而來？此光芒使我們身心安適，一切眾生的貪瞋痴不復萌生，到底是誰的威神力和加持？」

那些佛陀默然不語。

●默言意味著什麼

依靠佛陀的威力，十方世界天、龍、夜叉、阿修羅、人、飛禽走獸等止息一切聲音。同樣，水、風、大海、樂器、歌曲也都發不出音聲，悄無聲息，萬籟寂靜。那些佛陀的侍者，三次請問：「是誰的威力放此光明？請佛為利樂眾多天、人而解說。」

此時，十方所有佛陀的聲音匯為一音同聲宣說，如同一位如來一樣，其餘如來都這般宣說，他們的語事業集為一妙音而教誡。諸佛所出的這一音聲，周遍一切剎土，人、天的所有樂器不奏自鳴，樂音中傳出無常、苦、空、無我、真如、波羅蜜多等數十萬法音，無量十萬俱胝那由他數的眾生聽到之後，成就三乘菩提，或於梵天、轉輪王國政中不復退轉。

隨後，那些佛陀對他們的侍者說：「諸善男子，這樣問對你們有何用？此光是以不可思議的善根和布施等資糧而形成，並

非一切聲聞、緣覺的威力所致。假設如來讚歎此光芒，天等一切世間眾生將會迷惑。這光是由慈心等功德薰染所成，能令一切眾生滿足，如果讚歎此光芒，歷經一劫或多劫也說之不盡。汝等諦聽，當為宣說。」

●打破砂鍋問到底

侍者又祈求兩三次。佛告言：「諸善男子，在娑婆世界，有如來、應供、正等覺號釋迦牟尼，明行足、善逝、世間解、調御丈夫，天人師、佛陀、出有壞，現今住於五濁惡世。彼處眾生煩惱粗重、根基暗鈍、無慚無愧，無恭敬心、感受煩惱的業力，於此眾生之中，無上真實正等正覺圓滿佛陀正在說法。善男子，在釋迦佛的剎土中，有菩薩名為文殊童子，具大威力、大智慧、大精進，為一切菩薩真實說法、真實攝受、真實讚歎總持、真實令其歡喜，相當於所有菩薩之父母，他精通辨別一切法之基，獲得無貪的智慧波羅蜜多，具足無礙辯才，獲得陀羅尼，具有菩薩不可思議的功德。為了成就一切有情的善根、圓滿菩薩不可思議之法，他今在釋迦如來面前請法，為召集十方菩薩雲集聽聞，才放此光芒。大光明的因緣就是這樣。」

那些侍從請問：「文殊童子住於什麼等持而放出這樣的光芒？」

佛告言：「文殊童子安住於普明無垢莊嚴等持而放射

此光。」

他們又問：「為什麼諸位佛陀出有壞不放射此明瞭、清淨、令身心歡喜、勝喜的光芒？」

佛告言：「諸善男子，因為召集菩薩、講說勸請菩薩的法門，只是偶爾現世，並非常常出現。」

隨後，十方無量剎土的每一剎土中，無量無數不可思議十萬俱胝那由他數的菩薩向那些佛陀頂禮，並問：「此耀眼奪目的光芒從何而來？是誰的光？」

如來如前一樣做了解答。那些菩薩為了面見釋迦牟尼如來、文殊童子和其餘菩薩，請求前往娑婆世界。

那些如來了知時機成熟，便說：「去吧。」

●超出自己的境界的事，肯定不知不見

於是，菩薩們在如大力士屈伸手臂的剎那間，從各自剎土消失不見，而來到娑婆世界。有些菩薩伴著花雨飄撒來到釋迦如來面前，有些降下末香、塗香、花鬘等妙雨，有些彈奏著數十萬鐃鈸，有些則同聲讚歎如來功德，此妙音遍及整個大千世界。他們以諸如此類種種莊嚴，令餓鬼界的所有眾生心得寂靜，此世界任何眾生皆無有貪嗔痴慢等煩惱的逼迫，一切眾生具足慈心及殊勝喜心。

隨後，這些不可思議的菩薩眾在釋迦如來足下稽首禮拜，轉

繞三匝後，飛於上空突然隱身不見。他們入定於滅身等持中，以各自願力生出五顏六色的數十萬瓣蓮花，並於花臺上跏趺而坐。

大迦葉尊者見此稀有奇妙的神變，又見天降香花、塗香、末香等妙雨，聽到數十萬鐃鈸的樂音，見到大光明，見到四大洲世界鋪滿沒過膝蓋的鮮花，見到與會的龍、人等大多數眷屬，以及比丘、男居士、女居士等一切眷屬，身體都變成金色，於是從座而起，將法衣搭於一肩，右膝跪地，向佛合掌，以偈頌讚歎佛陀，請問：「以什麼因緣出現如此大光明，以及稀有神奇的廣大瑞相？」

佛告言：「迦葉，這樣問對你有何用？這不是一切聲聞、緣覺的境界，假設如來宣說，包括天人在內的世間眾生將迷惑不解。」

迦葉請求：「世尊，為了利樂芸芸眾生，請為我等解說。」

世尊告言：「迦葉，文殊菩薩今入於普明無垢莊嚴等持而放射光芒，以此真實勸請十方世界無量無數不可思議十萬俱胝那由他菩薩來到娑婆世界。那些菩薩在我足下頂禮，轉繞三匝後，飛於上空七棵娑羅樹的高處，坐於蓮花上。依靠眾菩薩的威力，出現了花雨等相。」

迦葉白佛：「世尊，這裡一位菩薩也見不到啊。」

世尊告言：「迦葉，聲聞、緣覺無法看到他們，為什麼？聲聞、緣覺不住菩薩所住之大慈大悲，不求利他和波羅蜜多行為，

也不行殊勝意樂。迦葉，那些菩薩入定於滅身等持，聲聞、緣覺不能見到，唯有諸如來才能現見。那些善男子均是住地菩薩，新入乘的菩薩尚且不能見到，更何況聲聞、緣覺了？」

隨後，迦葉請教怎樣獲得這種等持。

世尊告言：「若具足十法，將獲得這一等持。諸聲聞、緣覺不能入彼等持，因為連其名字尚且不知，更何況是入定了？」

大迦葉又啟稟：「世尊，我想見到那些菩薩，為什麼？因為他們難可得見。」

世尊告言：「迦葉，在文殊童子來之前，你稍坐片刻。當那些菩薩從此等持中起定，才能見得到。迦葉，你已獲得等持之處，現在觀一下那些菩薩以何威儀而安住。」

大迦葉尊者聽從世尊所言，依靠佛陀的威德力，並發起自力，入定於一萬等持，之後又起定，都沒有見到他們，對於他們的來去、住、極住、所行、所說，一無所知、一無所見，從而對那些菩薩的境界倍感稀奇，並對超勝那些菩薩的遍知佛陀之境界更生歡喜。

接著，舍利子心想：「我被如來譽為智慧第一，要觀察一下那些菩薩以怎樣的威儀安住。」於是，入於三萬等持，可是也沒能了知他們的妙相。

隨之，須菩提為了觀見那些菩薩，依靠佛陀的威神力，發揮自己的力量入於四萬等持，之後出定，但也未能看見他們的威

儀，於是啟稟世尊：「世尊，我被如來讚為安住無染第一，我已獲得寂靜等持，假設將四洲世界變成一個大鼓，有如是兩個大鼓，有人著拿大如須彌山的鼓槌，在住於寂靜等持的我面前，數劫中不間斷擊鼓，以我獲得的寂靜等持，縱然經過一劫，那兩個大鼓的聲音也不會傳入我耳中，更不會驚動我的等持。我具有這樣的安住和智慧。而今入於四萬等持，並從中起定，我也不知道那些菩薩在哪裡。假設要尋覓他們這種智慧，為了一一有情歷經恆河沙數劫在大地獄中被焚燒也心甘情願，而不應放棄這樣的智慧。世尊，假設我做不到心無所取而解脫一切漏法，那麼縱然盡未來際感受生死流轉，我也不捨棄這樣的大乘。」

世尊賜言須菩提尊者「善哉」，又說：「須菩提，你以如此殊勝意樂說這番話，善哉善哉！須菩提，假設你此受陰沒有涅槃，以此善根，你必獲得恆河沙數的轉輪王位，之後終將於無上圓滿菩提成佛。須菩提，大千世界的眾生多嗎？」

須菩提答：「世尊，非常多。」

佛陀告言：「須菩提，假設這所有眾生都擁有像比丘須菩提、舍利子、大迦葉一樣的智慧，於數十萬俱胝那由他劫中觀察那些菩薩，也不能現見。何以故？聲聞、緣覺不行持菩薩所行之法，所以這不是聲聞、緣覺的境界。」

依此，八萬四千人、天眾生發起無上菩提心。

● 百千萬劫難遭遇的佛法，要盡量勸人聽聞

文殊童子召集這眾多菩薩後，心想：「我還要召集數十萬天人。」於是施展神變，化現出大如車輪的八百四十萬俱胝那由他數的蓮花，花瓣由黃金所成、花莖由白銀所成、花臺由珍寶琉璃所成。他又幻化出身色宛若純金般具足大丈夫三十二相、威光赫赫、光明清淨的菩薩在那些蓮花臺上跏趺而坐。

接著，那些蓮花來到四大天王天，一直到色究竟天，對於大千世界十億從四大天王界到色究竟天之間的欲界、色界所有天眾，以妙音召喚、傳揚、講說、真實勸勉，那些菩薩身周遊大千世界時這樣說：「如來日親眷，偶爾出世間，猶如曇花般，佛陀極罕見。人尊釋迦獅，彼現此世間，能盡諸痛苦，真實說正法。天界欲悅意，長久享受已，終將趣入於，受苦諸惡趣。依止諸欲樂，愛故極增長，轉三界含生，安樂實非有。難得佛出世，獲得閒暇已，不證無我者，痛苦永不盡，當為見佛尊，前往聞妙法……」（菩薩們）以具有深法義的偈頌，（告訴眾天人）佛陀出世甚難，而今佛在宣講空性深法，勸勉他們斷除放逸前去聞法，以此欲界、色界九十九俱胝天子遠塵離垢得法眼淨，一萬二千天子離貪，三百二十萬天子發起菩提心，真實趣入菩薩乘的一萬天子獲得無生法忍。

無量無數十萬天子剎那間來到釋迦佛面前頂禮，立於一方，拋撒天花、天香後，在上空數數唱起天歌。當時，此四大部洲世

界無處不遍布天子的赫奕威光，甚至包括拄手杖的方寸之間，也密集布滿數多天子，他們降下沒膝的鮮花，遍滿整個世界。

●選擇同行者，也不能馬虎，要謹慎觀察

爾後，善住慧、界賢、無垢、知慚寶四位天子，由真實趣入菩薩乘的九十六俱胝天人所圍繞，來到文殊童子的住處，在其住舍外右繞七匝，撒下曼陀羅花雨。那些花雨依靠文殊童子加持，遍覆大千世界的上空，高十由旬，空中充滿鮮花瓔珞的光芒，遍照整個大千世界。文殊童子從住舍中出來，隨心所樂，出現妙寶座，隨即安坐其上。善住慧等天子們頂禮其足。

文殊童子心想：「誰能與我一同到世尊前問答論議呢？如果宣說不可思議的因與甚深離戲無可言說的法界之基等，誰堪為法器呢？這位善住慧天子，曾承事過先佛，已獲得甚深法忍，具有無礙辯才，他應該能與我同去請問、宣講、解說法義。」想到這裡，便對善住慧天子說：「你具有甚深法忍，能否和我一道去世尊前請問、宣講、解說法義？」

天子說：「文殊，如果您不言說、不講解、不說文字、不聞其聲，我也當如是宣說。」

文殊童子說：「天子，你不聽聞、不執著、不受持、不講說，我當宣說。何以故？佛道無字、無心、離心，唯以名宣說，名也無動之故。」

天子言：「文殊，這些天子想於您前聽法，請您宣說法義。」

文殊童子言：「天子，我對於想聽聞與受持者不說法，何以故？如果執著我與眾生等，則成為欲求聽聞……」通過宣說三輪清淨之法，使一萬天子獲得無生法忍。

善住慧天子說：「文殊，我們去如來面前吧。」

文殊童子言：「莫行持分別心，我已取受如來。」

天子問：「如來住於何處？」

文殊童子說：「住於我面前……」

他們通過問答的方式，說明「若通達如來等同虛空的等性身則可見如來」的深義。

●人外有人、天外有天，這不是天方夜譚

隨後，文殊童子幻化出四角四柱縱廣正等的樓閣，極其美觀，令人見而生喜，（樓閣中有幻化的寶座，）遍滿三萬二千珍寶，以天界如意樹的綢緞鋪覆其坐墊，一一墊上都有幻化的菩薩，具足三十二相。文殊童子以威神力，令此樓閣遍行大千世界來到佛陀面前，對佛陀及眾比丘轉繞三匝，住於上空中顯現出眷屬壇城，與會大眾對其四方圍繞。

坐在蓮花臺上的那些菩薩和處於樓閣中的菩薩異口同聲以妙音說道：「恆河沙數不可思，數俱胝佛汝供養，尋覓殊勝菩提

行，人中尊您最莊嚴。能仁妙相作嚴飾，勝身三有極昭然，導師宣說人與命，數取趣法皆無有。引導行持施戒律，安忍精進依禪定，您智不住於三有，智慧究竟汝前禮。法王天人供，世間師前禮，於空性信解，彼人世導師。過去諸如來，安住諸方佛，宣說無相法，恆修性無相。此自性眾生，生死不可得，無來亦無去，諸法如虛空。如人顯幻術，相於真性無，如來說諸法，如幻亦如夢。誰於恆河沙，世界作布施，有為空法忍，彼忍勝布施……」以此等偈頌讚歎自性光明甚深空性義，發出勸勉策勵悟入其義的妙音，令在場的二萬二千眾生發起無上菩提心，五百比丘心無所取而解脫一切漏法，三百比丘、三千比丘尼、七千優婆塞、一千優婆夷、二萬七千天子對一切法獲得離垢法眼，三百菩薩獲得無生法忍。於此大千世界，出現六種震動。

舍利子請問世尊：「是誰的威力令此世界遍布大光明、大地震動等？」

世尊告言：「文殊童子與善住慧天子今日同赴如來前，成辦不可思議的佛陀之法，請教能破諸魔壇城的法門。」

舍利子白佛：「世尊，文殊童子並不在眷屬眾會中。」

世尊告言：「你稍坐片刻，文殊童子降伏諸魔壇城後，會以大莊嚴來到如來前。」

●魔並非外表醜陋，只是心毒

此後，文殊童子入定於摧毀諸魔壇城等持，當即，此大千世界成百俱胝魔處變得黯然無光，所有魔身老朽不堪，只能拄著拐杖行走。所有魔女也是年邁衰老，各自的無量殿都陳舊破爛、漆黑一片。魔王波旬見狀驚惶失措，絕望不已，毛骨悚然。眾魔心想：「是什麼因緣讓我們魔境變成這般狀況？難道我們將從此死去，真的要一無所有了嗎？」那些魔剛生起這種念頭，即刻，文殊童子化現出十億天子坐在他們面前，說：「諸位朋友，這是不退轉菩薩文殊童子入定於摧毀諸魔壇城三昧的威力所致。對你等毫無損惱，休要害怕。」

眾魔聽到此言，耳聞文殊童子的尊名後，更加恐慌不已，一切魔宮都開始震動。那些魔對幻現的天子說：「諸位朋友，救救我們吧！」

化現的天子說：「朋友，不要畏懼，你們到釋迦佛面前吧。大悲如來能使一切有怖畏的眾生無所畏懼。」說完就不見了。

魔王波旬帶著數十萬十億魔眷屬，老態龍鍾、拄著拐杖片刻來到釋迦如來面前，異口同聲地說：「世尊，我們變成這副醜陋模樣，請救救我們吧，祈求善逝救護我們！我們寧可聽聞十萬俱胝出有壞佛陀的名號，也不願聽到文殊童子這一名號。為什麼？聽到文殊童子的名號，我們會恐懼、驚慌、害怕，想到死歿，想到化為烏有。」

世尊告言：「波旬，的確如此。如你所說，文殊童子無別成熟、利益眾生，十萬俱胝佛陀過去不曾、將來也不會如此利益眾生。因此，唯獨傳出文殊童子的名號會如此，十萬俱胝佛陀的名號傳出並不會令你們這般痛苦、毀滅。」

眾魔請求世尊：「世尊啊，我們身體如此衰朽，實在可憐、令人羞愧，請讓我們恢復如初、容色圓滿吧。」

世尊告言：「在文殊童子來臨之前稍坐片刻，他能使你們脫離醜陋。」

文殊童子從那一三摩地中起定，從座上站起，由眾多菩薩圍繞輔佐，伴有數十萬天人、龍、夜叉、乾達婆、阿修羅、迦樓羅、緊那羅、摩睺羅伽，數十萬鐃鈸發出妙音，蓮花、青蓮花等如雨而下，團團圍繞著文殊童子。他以大莊嚴大遊戲來到世尊前，頂禮世尊足，轉繞三匝，落座一方。

● 摧魔的禪定功夫，讓許多魔都發了菩提心

世尊對文殊童子說：「文殊，你入定於摧伏諸魔壇城等持中了嗎？」

文殊童子回稟：「世尊，是入定了。」

世尊問：「文殊，那一等持你是從哪位如來面前聽聞的？你成就那一等持有多久了？」

文殊童子回稟：「世尊，我聽到並修行那一等持、成就那一

等持時，世尊您尚未發菩提心。」

世尊問：「文殊，你從哪位如來面前聽聞那一等持並修行的？」

文殊童子回稟：「過去不可思議又不可思議、無數又無數劫之前，我是在曼陀羅花香如來前聽到並修行那一等持的。」

世尊又問：「文殊，你是怎麼修行的？」

「世尊，菩薩若具足二十種行相，則可獲得如是等持，何為二十？滅貪、滅貪心，如是滅嗔、滅痴、滅慢、滅嫉、滅覆、滅惱、滅想、滅見、滅分別、滅取、滅執著、滅相、滅有、滅常、滅斷、滅蘊界處[32]，乃至滅三界、滅緣於三界之心。若成就這二十種相，則獲得那一等持。

「此外，要想獲得那一等持，還要成就四法部類、六種異名……

「世尊，繼曼陀羅花香如來之後，我於映蔽寶珠電日月光如來前成就那一等持。」

---

32 此處的意思是，在「滅嗔、滅痴、滅慢、滅嫉、滅覆、滅惱、滅想、滅見、滅分別、滅取、滅執著、滅相、滅有、滅常、滅斷、滅蘊界處」的同時，也滅除緣取這一形相之心。如經云：「所謂菩薩。破壞貪欲。破壞貪心。破壞嗔恚。破壞嗔心。破壞愚痴。破壞痴心。破壞嫉妒。破壞嫉心。破壞憍慢。破壞慢心。破壞垢惡。破壞垢心。破壞熱惱。破壞熱心。破壞想念。破壞想心。破壞見著。破壞見心。破壞分別。破壞分別心。破壞取著。破壞取心。破壞執著。破壞執心。破壞取相。破壞相心。破壞有法。破壞有心。破壞常法。破壞常心。破壞斷法。破壞斷心。破壞陰法。破壞陰心。破壞界法。破壞界心。破壞入法。破壞入心。破壞三界。破壞三界心。如是二十。」

文殊童子說此語時，在場的二萬菩薩成就了那一等持。

世尊告訴舍利子尊者：「舍利子，對此你是怎麼想的？如果認為唯有這個三千大千世界的魔變成了如是醜相，你不要這樣看。因為依靠文殊童子的加持，十方恆河沙數佛剎中居住的所有魔都變成了這樣。」

接著，世尊又對文殊童子說：「文殊，請止息這一加持，讓這些魔恢復以前的容色吧。」

於是，文殊童子放棄了加持，即刻間，魔眾的樣貌恢復如初。文殊童子對魔王說：「波旬，若有眼與眼想，耽著眼、眼相、所取、執著、驕慢等，魔就有製造違緣的機會。如是耽著耳等、色等，有取捨等，魔也有製造違緣的機會。何者無有眼等一切執著，此眾生則無有魔業妨礙，（你對於這一境界）無主、無力、無自在、無力執持。」

如是說法，令魔眷屬中一萬魔眾發起無上菩提心，八萬魔眾遠塵離垢、得法眼淨。

●菩薩身材各種各樣

此後，大迦葉尊者啟稟世尊：「世尊，文殊童子既然已來到這裡，我等想見那些菩薩，因為如是聖士難可得見。」

世尊告言：「文殊，此等眷屬想見十方雲集的那些菩薩，你為他們顯示吧。」

於是，文殊童子對名法菩薩、聖法菩薩、法慧菩薩、魔刃菩薩、妙吉祥菩薩、滅罪菩薩、寂護菩薩、勝護菩薩、法王稱菩薩及其餘菩薩說：「諸善男子，您們在自己的佛土是什麼樣的菩薩身，就各自顯出這樣的身體吧。」

　　文殊童子話音剛落，那些菩薩即從等持中起定，顯示出各自的身體。菩薩們的身體，有些等如須彌山，有些約八萬由旬，有些是七萬、（六萬、五萬、四萬、三萬、二萬）乃至一萬由旬，有些是五千、（四千、三千、二千）乃至一千由旬，也有些是五百、（四百、三百、二百）乃至一百由旬，還有些是五十由旬乃至一由旬，有些身體如娑婆世界的人身一樣有三肘半左右，他們盡顯如是菩薩身。當時，這個大千世界，甚至連拄拐杖（那麼小）的地方，也無不遍布菩薩的赫奕威光、大威神力。那些菩薩的光芒，照亮十方十萬俱胝佛土。

　　文殊童子從座而起，頂禮世尊，與眾眷屬請問世尊：「世尊，何故名為菩薩？」

　　佛告言：「文殊，為證悟諸法，故名菩薩。菩薩能證悟眼、證悟耳等色等自性皆空，然而不分別『證悟』……」如是宣說證悟諸法空性離戲的自性。

　　接著，文殊童子與善住慧天子以問答的方式請問世尊，首座眷屬也請教、探討佛說的深義。總之，煩惱、五種欲妙以及屬於三界之法的一切法，因本來無生的緣故，文殊宣說以等性享用之

義。菩薩智慧甚深善巧方便，通過宣說初學菩薩能生起的甚深無生法理，使三萬二千菩薩獲得無生法忍，五百比丘心無所取而解脫一切漏法，六億天子於一切法遠塵離垢、得法眼淨。

當時，大迦葉尊者啟稟佛陀：「文殊童子通過說法利益這麼多眾生，實在難行。」

文殊童子說：「我沒什麼難行，因為諸法無行，故我沒有使任何眾生束縛或解脫，眾生不存在的緣故。一切有情，才是難行，一切佛陀未得，一切聲緣未得也不會得，因為那些都是異生凡夫才得的緣故。一切佛陀未得的，是指我、眾生、色等一切法。對此諸佛未行持、一切聲緣未造作，那些都是凡夫們造作的，造作常斷、結生、驕慢等。」

迦葉請問世尊：「文殊童子是怎麼獲得無生法忍的？」如是從堪忍諸法無有所得等入手進行探討，結果六萬二千眾生發起無上菩提心，一萬二千菩薩獲得了無生法忍。

此後，善住慧天子問文殊童子：「如何地地跨越？」

文殊童子宣說了諸地無遷如幻，以密意之語不同程度作了開示。

世尊賜言文殊童子「善哉」，說：「文殊，善哉善哉！設若宣說，當宣此語。」

文殊童子對善住慧天子從無自性之義著手宣說了甚深密意，其中講說了（三十七）菩提分法與三解脫所緣、修行、不現行的

深義。

在場的數千比丘心想：「世尊明明說過，現行三解脫與三十七菩提分法，將獲得涅槃。文殊童子卻對此遮破，怎麼能這樣宣說？難道不是（與佛語）相違嗎？」

文殊童子知道他們生起的懷疑分別，對舍利子說：「尊者你既然是智慧第一，那麼離貪之時，有緣取、現行或修行四諦、三解脫、菩提分法嗎？」

舍利子說：「文殊，沒有，一切法無取無生，是空性而不現前的緣故。」

說此教言時，三千比丘心無所取而解脫一切漏法。

● **深法，聽總比不聽好**

之後，善住慧天子與文殊童子通過問答的方式，探討了一切本來無生無所得之深義。此時，在場約五百比丘沒有通達而捨棄此法門，自身墮入有情大地獄中。

舍利子對文殊童子說：「五百比丘因未通達而捨棄此法門，墮入有情地獄，還是不要宣說如此甚深之處了，應當善妙觀察（此會大眾），然後講法。」

文殊童子說：「舍利子尊者，你不要分別，乃至無有一法可墮入有情地獄，為什麼呢？以一切法無生之故。你說我應善妙觀察而講法，但若有善男子或善女人依止我見，以一切安樂資具供

養承侍恆河沙數如來及比丘僧眾，時間長達有生之年，而另有一人不隨一切世間之見，聽聞空性等難知之深法，之後捨棄並墮入有情大地獄，後者將比前者更快解脫。依止我見而沒有聽聞此法者，即使承侍如來，也不能如此。」

世尊讚歎文殊童子：「文殊，善哉善哉！聽聞如此講說，有如佛陀出世。同樣，也有如證得預流果乃至阿羅漢。為什麼？因為若依靠我見、有所緣取，不能證得此法。」

世尊告訴舍利子：「舍利子，這些比丘將很快從那些地獄中脫離，趨入涅槃。而具愚痴、執有緣見之人，帶有懷疑供養如來，則不能如此。舍利子，那種供養雖然成為涅槃之因，卻不能迅速解脫，因為沒有聽聞如此深法。」

●放不下沉重的思想包袱是大誤區

善住慧天子問：「文殊，你承認梵淨行嗎？」

文殊童子說：「天子，假設不取梵行、不行梵行，我承認與您同行梵淨。」

天子說：「文殊，您以什麼密意說此話？」

文殊童子說：「天子，行取非行行取，即無所行，緣於梵行是行，無所緣即無所行。」

天子說：「那麼，文殊，您是不行梵淨了？」

文殊說：「天子，的確我不行梵淨。我也並非不行梵淨

……」

他們以問答的方式，宣說了「緣於某法則不相應真實義、如果無緣則善入真實義」的道理。此外，又以密意宣講了現似相違的詞句，說明無生的深義。

當時，與會大眾中有五位修四禪、得五通的菩薩，能出入等持，但仍不得法忍。他們憶起往昔殺父母、殺羅漢的宿世，念及殘存的業異熟，心生憂惱，不能接受甚深義，唯依於我、分別我，無法壓制瞋心。

為了調化他們，世尊加被文殊童子的心。文殊童子從座上站起，法衣披於一肩，右手拿著寶劍，以善妙示現，跑到世尊身旁。世尊告文殊童子：「文殊，我已被殺了，已完全被殺了，放下吧！為什麼？文殊，久遠以來，何人若生起殺我之心，發心當下，我即已被殺。」

那五位比丘這樣想：「一切法如幻，我或眾生等一無所有，父母、佛法僧也不存在，造無間罪也毫不存在。為什麼呢？這位文殊童子是賢善正直的智者，為諸佛所讚歎稱揚，堪忍深法，承侍眾佛，如實說法，真實講說，恭敬眾如來，他竟然拿著利刃跑到佛陀身旁，佛陀也說『文殊，我已被殺了，已完全被殺了，放下吧』，假設佛陀等成立永恆存在，那麼造無間罪就不會有出離。為什麼呢？因為這些法無體非有，唯是顛倒執取。誰行如幻空性，所行也毫不存在。」五位菩薩通曉此理而獲得了無生法

忍，滿懷歡喜、殊勝喜，騰空到七棵娑羅樹高的地方，回憶自己的前世，以及如何證悟深義的情形，以偈頌讚歎世尊。

說此（文殊童子）持刃法門時，十方恆河沙數剎土出現六種震動。隨後，安住於十方世界佛剎的佛陀出有壞的侍者各問其佛：「是誰的威力令大地這般震動？」那些佛陀告言：「娑婆世界的文殊童子，為調化眾生而執持智慧寶劍利刃跑到釋迦佛跟前……」接著，諸佛從智慧利刃入手如是說法，使無量眾生眼清淨、心解脫，生起法忍，趣入菩提。

當時，世尊加持在場善根薄弱、妄念繁多的初學者，不見驗相、不聞此法。

●如幻而幻化指明一切法如幻

隨後，舍利子對文殊童子說：「文殊，你因為要殺佛陀，造了嚴重的業，此業將於何處成熟果報？」

文殊童子說：「舍利子尊者，的確，我若造了如此嚴重的業，那麼真不知道成熟於何處。虛幻之人的業成熟於何處，我的業也將成熟於何處。為什麼？因為虛幻的人也不分別、不思擇，於諸法皆不分別、不思擇的緣故。如此一來，我倒要問舍利子尊者，你怎麼能接受就如此宣說。尊者，利刃、業、異熟可得嗎？」

舍利子說：「不可得。」

文殊童子說：「舍利子尊者，既然無有利刃、無有業，也無有異熟，此業將成熟於何處呢？」

　　舍利子說：「文殊，如果按你的意願來說，此業不會成熟於任何處。為什麼呢？因為諸法無有業與異熟的緣故。」

　　隨之，十方世界聚集而來的菩薩啟稟世尊：「無論如何，請這位文殊童子到我們的佛土講法，慈悲樂於前往為盼。」

　　文殊童子對那些菩薩說：「諸位善男子，你們且觀各自的佛土。」

　　他們定睛觀望十方各自的佛剎，結果聽到那些剎土傳出文殊童子的妙音。文殊童子正坐在那些佛陀面前，並針對善住慧天子的提問而說法，同時見到那些剎土都聚集了與此同等數目的菩薩和天子。這位文殊童子於此（娑婆）剎土安住不動，竟然又在一切佛土中普皆顯現，實在稀有、稀奇。他們都感到驚奇不已。

　　文殊童子對菩薩們說：「諸位善男子，譬如幻師善於修學幻術，坐處不動而示現種種色，菩薩善學般若波羅蜜多也是如此，為了在如此多的佛剎中指示如幻諸法，才幻變出這麼多幻化相。為什麼呢？諸法如幻，應如是了悟。」

●這一面鏡子，有智慧的人會照自己

　　隨後，世尊告言文殊童子：「文殊，聽聞此法門，有如佛陀出世。聽聞此法者，有如證得預流果、一來果、不來果及阿羅

漢。聞此法門心生信解，有如坐於菩提樹下。」

文殊童子白佛：「世尊，的確如此，這如同空性、無相、無願、真如、法界、真實際、等性、解脫、寂靜一般。」

文殊童子請求：「世尊，無論如何請加持這一法門在未來後五百歲，令善男子或善女人得以耳聞、行持。」

當時，此大千世界天、人的所有樂器未經彈奏而傳出妙音，所有妙樹百花齊放，所有池塘出現許多蓮花。這個大千世界出現六種震動，遍布大光明，此光令日月光也隱蔽不現。

數十萬天人歡喜踴躍而隨喜，立於上空，飄撒花雨、末香、燒香、塗香，傳出眾多鐃鈸、天歌的妙音，之後雙手合掌，異口同聲說道：「奇哉，得見文殊童子說法，奇哉妙法，奇哉妙法，此世間又轉了第二法輪！任何眾生聽聞此法門，聞而信受，善根不薄。聽聞此法而不畏懼者，曾精進承侍過先佛而得深法忍。」

文殊童子啟白：「世尊，為加持此法門，才出現這些瑞兆，這表明未來此法門將得以行持。」

世尊告言：「文殊，的確如此，為加持這一法門才出現了這些瑞兆。」

文殊請求道：「世尊，為令這一法門久住於世，請世尊賜予諦實加持。」

世尊告言：「文殊，若依靠一解脫門而得證涅槃，是諦實與諦實語，那此法門在未來後五百歲廣行流布，也是諦實與諦

實語。」

文殊童子說：「世尊，若無我、無眾生、無染淨是諦實與諦實語，那麼這一法門在未來後五百歲廣行流布，也是諦實與諦實語。同樣，願依無貪等、無如來假立法、名，此教法與三世佛陀未說未聞未得未行無行、無解脫不解脫等諦實語，加持這一法門在後五百歲時，於贍部洲廣行流布。」

此時，這個大千世界出現六種震動，彌勒菩薩請問世尊：「這是什麼因緣？」

世尊告言：「彌勒，信解下劣之眾生聽後不能受持，則生怖畏，還是不要問了。」

彌勒菩薩再次請求：「世尊，為利樂芸芸眾生及善妙人天，請予以解說。」

世尊告言：「彌勒，過去已有七百四十萬俱胝那由他佛陀，於此地講說這一法門，這都是文殊童子與善住慧天子請求的。」

彌勒菩薩請問佛陀：「世尊，文殊童子與善住慧天子聽聞這一法門已有多久？」

世尊告言：「彌勒，如是善男子在三大阿僧祇劫前，於花聖獅子妙力功德蘊如來前聽受這一法門。」

說此法門時，恆河沙數的眾生發起無上真實圓滿菩提心，其兩倍數的眾生獲得不退轉忍，其兩倍數的眾生於一切法遠塵離垢、得法眼淨。

● 煙花女子得以度化

《文殊遊戲經》[33]中記載：

有一個叫妙金光的妓女，（因為宿世善根因緣，）肌膚金色，並能使所行之處與衣裳都成為金色，國王、大臣、商主等眾人都喜歡她，競相追逐。

一次，她坐在商主兒子晉辛雇的馬車上，正前往樂園的途中，文殊童子為了調化她，身體發光映蔽了日月，衣服也發光遍及由旬，並由不計其數的眾寶莊嚴其身。妙金光女感到自己的身光都遜色了，打算以引誘的方式和文殊童子共相嬉戲。

文殊童子以威神力令多聞天子化現為人的形象對她說：「不要追求這個人，他是文殊童子菩薩。但他能滿足眾生的心願，有求必應。」

女子心想：「那麼，我索求他這件衣服，他應該會給吧。」於是便索要衣服。

文殊童子說：「如果你趨入菩提，衣服就給你。」

女子不解地問：「什麼叫菩提呀？」

文殊童子宣講了無自性等性的意義，結果空中的五十萬天子發起無上菩提心，跟隨妙金光女身後的男女中有兩百人也發起無上菩提心，六十天人和人獲得清淨法眼。

---

33 《文殊遊戲經》所摘內容，在漢文大藏經《大莊嚴法門經（卷2）》中有。

妙金光五體投地頂禮膜拜，受了戒，並以殊勝意樂發起無上菩提心，認識到煩惱無有自性而立誓千方百計調化眾生，並從菩薩的無染法開始請教文殊童子，文殊童子也宣說了思擇空性與具足善巧方便的深法。

當時，世尊在靈鷲山的樹蔭下，正和阿難一起散步，對文殊童子賜予「善哉」，聲音遍布這個大千世界，大地出現六種震動，天、龍、夜叉等尋聲集在世尊面前請問：「我等聽到善哉的聲音遍布這個世界，這是賜予誰的？」

佛告訴他們：「文殊正在為妙金光女說法。」

於是天等眾生都雲集到文殊童子面前。未生怨王等眾人看見妙金光遠離貪欲，諸根寂靜，不再像以往那樣貪戀她了。

●捨己利他才是菩薩的出家

文殊童子問：「女子，你的煩惱放置在何處了？」

女子說：「一切煩惱住於法界，無生無破無轉變，我已證悟煩惱的自性……」

文殊童子又宣講了煩惱自性即菩提，妙金光也依靠自己累積善根的智慧宣講「觀色如水中月」等法，使一萬二千眾生發起無上菩提心，五百天、人獲得無生法忍，三萬二千眾生獲得清淨法眼。

妙金光女也以歡喜聞法之殊勝功德，獲得了相應法忍，之後

在文殊童子面前請求出家。

文殊童子說：「姐姐，剃頭並不是菩薩的出家，為斷一切眾生的煩惱而精進，才是菩薩的出家……」以此指明「不貪自利、行持他利，即是菩薩的出家」之理。並說：「女孩，你可乘坐馬車，若能慈憫商主之子晉辛，使之成熟，那就成了您的出家及近圓戒。」文殊童子如是說法，並加持暫時不堪為法器的商主之子晉辛絲毫也聽不到。

● 每個人都有自己的特殊因緣

（當文殊童子說此語時，）多數人產生「離貪者與具貪者怎麼可能同行」的分別念。妙金光女知曉他們的想法，說道：「諸位朋友，離貪的菩薩即使與有貪的眾生共住也無貪染，並能調化具貪的眾生。」同樣又類推瞋心等講了調伏煩惱的道理。

她在文殊童子足下頂禮，便乘著馬車與晉辛一起去樂園玩耍了。

之後，妙金光躺在晉辛懷裡，身體逐漸衰敗、死去、腐爛發臭，所有孔穴流出血、膿，散發惡臭……顯出諸如此類骯髒的本性。

商主之子晉辛驚恐萬分，正在這時，依靠文殊童子的威神力，妙樹中傳出聲音賜予他安慰，並勸他前往佛陀面前。見調伏他的時機成熟，如來也放射光芒照耀，使他捨棄了那個腐爛的屍

體，到佛陀足前皈依。佛陀說法，使他生起了隨同諸法的法忍。

見到商主之子被調化後，妙金光由五百天女圍繞，伴隨鐃鈸、歌聲來到世尊面前。

世尊告言：「這位妓女妙金光，以往也是文殊童子令她受持圓滿菩提的，這次仍是在文殊童子前獲得相應法忍。這位商主之子晉辛，我以往也曾使他受持無上菩提，現今仍是在我面前聞法而獲得相應法忍。此妙金光女，再過九百二十萬劫後，於寶生劫，在寶生世界成佛，佛號寶光如來，（其國眾生的）受用與三十三天等同。在那裡，除大乘諸菩薩寶外，無有其他（聲聞、緣覺）珍寶，那位如來壽命無量。寶光如來成佛之時，晉辛成為功德寶光菩薩，受持此如來的法藏。彼如來授記『功德寶光於我後成佛』，並授記他的佛號為發光。」由此世界出現六種震動，遍大光明，百千眾生發起無上菩提心。

文殊菩薩通過這種方式調伏具貪欲者，其善巧方便實在不可思議。

●魔王被緊緊束縛住了

《文殊神變經》[34]中記載：

世尊在王舍城祇樹給孤獨園，與眾多眷屬在一起時，多光天

34《文殊神變經》所摘內容，在漢文大藏經《佛說魔逆經（卷1）》中有。

子請問文殊：「菩薩的魔業是什麼？」

文殊言：「天子，出現多少業，就有那麼多魔業。受持多少邪願並執為殊勝，有多少欲望、想、慢心、分別，就有多少魔業。此外，耽著菩提心與布施等，也是魔業……」以此宣說了真正超勝的善巧方便加行法，結果八千天子發起無上菩提心，五千菩薩獲得無生法忍。

世尊賜予文殊「善哉」。

多光天子問文殊：「您對如來賜予『善哉』感到歡喜嗎？」

文殊說：「就像幻化者對幻化者賜予『善哉』一樣無有自性，因此無有貪執……」

宣說諸如此類的深法時，天子說：「文殊，今日所講之法（微妙超勝），因為不想見此情景，魔王波旬這次沒來，真是稀奇。」剛說這話沒多久，波旬就在上空幻變出濃雲密布，發出巨大吼聲，在場的人驚慌地想：「這吼聲是誰的？」

世尊告文殊：「文殊，你見到波旬的變化了嗎？」

文殊稟佛：「世尊，見到了。善逝，看見了。」此時，文殊童子緊緊捆住波旬，令他墜在地上。

魔王大喊：「我被緊緊束縛住了。」

文殊說：「波旬，還有比這束縛更緊的東西，其實你恆常都被它束縛著，卻全然不曉。是什麼呢？是我慢、顛倒、愛、見之繩捆綁著你，而你卻毫無知覺。」

魔王說：「文殊，放了我吧。我會回到自己的地方，再不造魔業。」

文殊說：「波旬，你必須行持佛陀的事業，否則怎麼能放呢？」

魔王說：「我本是對佛法製造違緣的，怎麼行持佛陀的事業？」

文殊說：「波旬，讓魔行持佛陀的事業，是諸位菩薩方便和智慧的幻化。佛陀行持佛陀的事業並不稀奇，魔行持佛陀的事業才極為稀奇。」

● 再現如來的風采

隨後，文殊加持魔王變作佛陀的身相，坐在獅子座上，具足佛陀的辯才。

魔王波旬說：「諸位具壽長者，你們可以隨意發問，我將予以作答，令你們心滿意足。」

大迦葉尊者問魔王：「波旬，比丘行持瑜伽，以什麼為束縛？」

魔王答道：「大迦葉尊者，耽著禪定味，貪執寂靜等，將涅槃作心要想，認為輪迴是要遣除的，這些就是行持瑜伽的束縛。為什麼呢？並不是遣除見解以後再修空性，見解本性就是空性；並不是遣除相狀而修無相，相的體性就是無相；並不是遣除願而

修無願，願的體性就是無願；並不是遣除輪迴而修涅槃，緣於輪迴就是涅槃。大迦葉尊者，涅槃是不行想、慢心、相一切所緣，不由生滅中來，自性無生就是涅槃。」當他宣說此教義時，五百比丘心無所取而解脫一切漏法。

須菩提尊者問那些比丘：「諸位具壽長者，是誰調化了你們？」

他們答言：「其無所得，也無有現前正覺。」

須菩提又問：「是怎樣調化的？」

他們回答：「安住實相的緣故，沒有少許引導，也非無有引導。如實安住中了知，既無生起也無遮止，了知平等性，我們如是得以調化。」那些比丘說此言時，一千二百天子對諸法遠塵離垢、得法眼淨。

須菩提問魔王：「比丘如何是應供處？」

魔王答：「須菩提，若信奉無取無受，由一切信奉中普行時……」

舍利子問魔王：「世尊所說的無諍三昧是什麼？」

魔王回答說：「安住於何等持極其滅盡的緣故，雖然滅盡也不行滅盡，自性無生，也不生起無生，於無所領受也不領受，了知一切法自性入定，了知而滅盡一切受入定，也見平等，一無所見，也無不見，這就是世尊所說的無諍三昧。」

目犍連問：「比丘如何心得一切自在？」

魔王答：「了知一切法是心解脫的法相，無有耽著，心方解脫，不縛不解，以了知心無色、無執、無住而知一切法無色、無執、無住，了知心的體性自性是萬法的法界，法界的體性自性不隨他轉而獲得自在，這就是具足勝解神變，心得一切自在。」

富樓那尊者問：「比丘如何普皆清淨而說法？」

魔王答：「任何比丘雖然由他處了知一切法，然而對非他之心無所耽著，宣說一切法均為假立增益，了知文字言語音聲、詞句的一切道如空谷迴響，視一切聞法者如幻人，身體也視為水月，知曉一切煩惱皆從分別妄念所生，也不為取捨、極決定或獲得某法而說法，四無礙解獲得自在。所謂『無礙』是指無所希求無染而說法，自心自性清淨，了知一切有情之心也是如此而見蘊魔空，於煩惱魔作虛假想，安住於死魔無生不生中，遠離天子魔動搖及一切慢心，如此普皆清淨而說法。」

優波離問：「波旬，怎樣才是持戒的比丘？」

魔王答：「優波離尊者，任何比丘，了知一切法極其調柔，了知一切過失無有前際，遣除產生過失之後悔，了知客塵煩惱如雲如水月般自性不成立，既不遣除煩惱，也不建立無染，非理作意如同黑暗與盜匪等，如理思擇而了知無去無住，對有煩惱心的有情萌生悲心，當現前無我無眾生時，就是真實持戒。」

以上這些聲聞的提問，魔王對答如流，令其皆大歡喜。

●魔說魔業應該是現身說法

其後，界賢天子對魔王說：「文殊已經宣說了菩薩的魔業，你也當勇於講說。」

魔王說：「瑜伽行者依止並承侍欲求解脫、畏懼輪迴，即是魔業。分別空性、捨棄眾生也是魔業。分別觀察無為法，厭離有為的善根，也是魔業……」如是宣說了二十種真正魔業。

世尊賜予「善哉」，並說：「何者聽到這些魔業而斷除，能獲得大慈心等成熟菩提的二十法。」

界賢天子說：「魔王波旬，世尊賜予你『善哉』，是善得善得。」

魔王說：「我善得什麼？就像鬼附人身講說一樣，我也是依靠文殊加持力而宣說，並不是自己的能力。」

天子問：「波旬，你現佛身、具足佛的辯才，坐在獅子座上說法，高興嗎？」

魔王說：「你看我相好嚴身，可我知道自己被緊緊束縛著。」

天子說：「波旬，你請文殊童子寬恕，就會得以釋放。」

依靠文殊的威德力，魔王說：「趨入大乘的大菩薩無須請求原諒。因為他們沒有煩亂或瞋恚。」

天子問：「菩薩們的安忍是怎樣的？」

魔王宣說了非為虛假意樂等十二種安忍。

天子又問：「波旬，假設你得以釋放，歡喜嗎？」

魔說：「我歡喜，非常歡喜！」

當時界賢天子請求文殊：「放了魔王波旬吧，讓他回到自己的地方。」

文殊對魔王說：「波旬，是誰束縛了你，從何解脫？」

魔王說：「文殊，不知是誰束縛了我。」

文殊說：「波旬，你對本無束縛而作束縛想，同樣，所有凡夫異生也是對無常起常有想，如是起我想、樂想、淨想、五蘊想。波旬，你如果被釋放，從何處釋放？」

魔王說：「我從何處也不得釋放。」

文殊又說：「波旬，徹底了知如此解脫也非真實之想，除此之外從何處也無有解脫，徹知這些就是解脫。」隨後文殊收回加持，波旬也恢復了自己的身相。

大迦葉尊者對魔王說：「你行持佛陀的事業，善哉。」

魔王說：「這不是我的境界，是文殊童子的境界。」

● 句句是真言

界賢天子問文殊：「佛陀的事業當於何處尋覓？」

文殊告訴他：「天子，佛陀的事業當從一切有情的所有煩惱中尋覓，原因是，如果有情不被煩惱折磨，那麼佛陀也不會顯現事業。」此外還宣講了「為了斷除生、老、病、死，佛陀才現

世，如來證得菩提後沒有產生何法，也沒有滅除何法，因為一切法都是無生無滅。所謂佛陀出世，是體性無生之意；不以有緣之見行持任何法，就是菩薩的意樂圓滿；不貪著內外的一切法，是殊勝意樂圓滿；捨棄一切煩惱而不捨有情，就是布施圓滿……」

其後，魔王波旬痛苦、憂傷，淚流滿面地說道：「何處若行持這一法門，那就無有諸魔的餘地。受持此法者，將避免一切魔業。」說完就杳無蹤影了。

如此以大瞋心大嫉妒激起具有我慢的魔王波旬也無法製造違緣，宣說極其甚深大乘而成辦佛陀事業的這種菩薩，其善巧方便和力量實是不可思議。

●耳聞般若法門，即使起邪見也會很快解脫

《大乘文殊安住經》[35]中記載：

文殊童子漫步進出五百比丘們的住舍時，來到舍利子的住舍，看他正在禪修，就和舍利子關於禪修展開話題。在講到「一切法無所得」的甚深真如時，在場的五百比丘從座而起，說：「我們不想見到文殊童子的身體，不想聽到文殊童子的名字，任何地方若有他在，我們都應離開，為什麼？本師明明是現量的（清淨），文殊卻說染淨是一體，他說的不是正法。」他們出口

---

35 《大乘文殊安住經》所摘內容，在漢文大藏經《佛說文殊師利巡行經（卷1）》中有。

不遜，譏毀著就要離開。

文殊說：「五百比丘如此說，善哉！為什麼？因為文殊童子非有，故不可得，（因為不可得，）所以不能被見到、聽到。如果他不可得，那麼他的住處也沒有，如此也沒有什麼地方是他所在之處。」

那些比丘聽到此話，又返回來說：「文殊，我們不明白你這樣說是什麼意思？」

文殊說：「比丘，善哉，善哉。本師的聲聞弟子應如是學……」他對這些比丘解說了（諸法）無了知、無所知，這一法界是安住性、不可得等，使四百比丘心無所取而解脫一切漏法。但另一百比丘的心更加煩亂，身體墮入大號叫地獄。

舍利子對文殊說：「你要保護眾生，不要這樣說法。一百比丘已白白毀掉，真是可惜。」

世尊告言：「舍利子，不要說這種話。那一百比丘剛一接觸大號叫地獄，瞬間就會轉生到兜率天。他們如果沒有聽聞此法，無疑會趨向有情地獄，待業力窮盡之後方可投生為人，而依靠此法，只要少分感受本應於數劫中感受的有情地獄之業，之後便成為彌勒的首座眷屬，證得阿羅漢果。帶著懷疑聽聞這種法門也是殊勝的，而獲得禪定、四無色定、四無量，則不能如此。如果沒有聽聞這一法門，無法從輪迴中解脫。」

舍利子對文殊說：「您為成熟有情，善說此法門，真是

稀奇。」

文殊言：「真如、法界和有情無增無減，非染非淨，一無所得，不住不滅，這就是菩提、解脫、涅槃。」

世尊也如是讚歎了文殊所講，並宣說一切法唯句假立，無所得。結果十萬眾生遠塵離垢、得法眼淨，五百比丘心得解脫一切漏法，色界的八萬天子發無上菩提心，獲得圓滿菩提授記。

縱然是以愚痴而捨棄深法者，文殊童子也能直接或間接成熟他們。以這些佛經為主的經藏中，都講述了文殊童子請問如來、與其他菩薩研討、與諸聲聞相互問答、為天人和人類眾生說法等，依靠種種方便成熟有情，其無邊事業在經藏中有再三提及。

●大智妙吉祥，諸佛所稱揚

《文殊根本分別經》中記載：

世尊在淨居天上空與菩薩會眾一起安住。文殊童子宣說菩薩的神變與咒力時，如來白毫發光，經過東北方百千恆河沙數世界，勸請在具花世界花生王君如來面前安住的文殊童子。文殊童子入於三摩地，使四方無量無邊一切處真實充滿佛陀。那些世界的所有佛陀都說：「佛子，善哉善哉！入定於這種三昧，聲聞、緣覺、入行菩薩及住十地者也無法做到。」隨後，文殊童子伴著神變遊戲，帶著無量莊嚴供品，來到釋迦世尊足前頂禮並讚頌。

世尊對文殊童子說：「請顯示一下你的咒力。」

於是文殊童子入定於真攝諸佛加持光明莊嚴菩薩三昧中，即刻間，光芒遍照恆河沙數世界中從色究竟天直至無間地獄，消除了一切有情的所有痛苦，並在真實勸請聲聞、緣覺、菩薩、佛陀出有壞後，那束光隱沒於文殊童子頭頂。無量剎土的如來、菩薩和聲聞眷屬聚集，如來、菩薩、頂髻如來、作明佛母、作明王如來，如來部、金剛部、蓮花部及緣覺、聲聞乃至普通眾生的眷屬大眾，從無量無邊剎土一一匯集過來，帶著神變顯示無邊密行和事業。

世尊親言：「能仁月已落，地上成空無，安住此世軌，宣示佛教義。文殊恆善妙，諸鬼前童子，爾時佛事業，顯示於世間。君王之威力，長久欲求者，一聞亦解脫，恆常彼成就。」又云：「童子遍行直接利，未來世間行饒益，為利群生善宣示，住解脫智清淨處。真實悲憫忍利心，恆常慈愛樂布施，彼等常時得成就，嗚呼餘者無成就。恆常喜信殊勝密，受持教輪文殊勝，彼降魔眾轉法輪，受持此輪是種姓。其語善妙且合意，恆常遠離凡愚人，合意善妙且悅耳，喜樂聽聞及隨順，心能滿足施安樂，文是佛陀真實語，彼等如來之殊勝，不能了知其威力。彼佛子入如是地，出世間之十地者，世間殊勝自在天，非能了知能仁汝。行色無色住地者，具欲天人由意生，瑜伽成就世間中，超勝一切人中尊，何者了知彼殊勝，任何眾生皆非有。徹知汝之此殊勝，名文是慧是佛陀，思擇所謂文殊名。汝名是由先佛作，如是取汝之名

稱，過去未來現在佛，不散他外一緣心。眷屬之中聞汝名，彼得知此獲寂靜，解脫得勝大菩提，無餘成就諸密咒。尤得有情最勝生，恆常正住第一法，斷除障礙得成就，無餘成就所欲咒。速往菩提樹王下，獲得殊勝大菩提，復住於彼利有情，善轉佛陀菩提輪。如是佛尊說功德，憶念文殊汝之名，佛說功德不可思。先逝一切如來尊，恆常宣說汝威力，思量清淨童子汝，無數劫恆宣不盡。文殊汝之咒行為，佛陀無餘盡宣說，遍行一切此童子，於我教中示人尊。安住淨處之士夫，於此無餘成寂滅，汝之密咒永不離，汝之密咒永不失。」

這裡的「童子等」就是指文殊菩薩，他以童子相遍及一切剎土，成辦未來有情利益。「真實悲憫等」是講修密宗行者的殊勝功德。「其語等」是講文殊說法的功德，以悅意的梵音語宣說法藏，由此共稱文，這些功德的邊際，如來之尊或者第一如來們顯現上也不了知，同樣，住十地菩薩一切出世者，世間超勝的自在天、三有之天、瑜伽士及聲聞、緣覺的有情誰也無法了知文殊你的殊勝功德，唯佛了知。由於翻譯較亂，因此必須瞭解意義的關聯。

「文殊……」，一切佛為他取名文殊，心清淨、不散亂的有情在佛陀的眷屬中才能聽到，而餘者難以得聞。耳聞文殊名號的功德利益，在即生中一切吉祥，消除一切違緣障礙，究竟獲得無上菩提。如此略說之後，又再度宣說，僅僅聽聞其名號，將成就

一切密咒，生生世世遠離惡趣，獲得殊勝生處，恆常安住於真實善妙的一切殊勝功德法中，不遭遇魔緣而獲得悉地，無餘成就自己心中所想的密咒，成就持明者，這是暫時的功德利益。究竟前往菩提樹王下，為利益一切有情安坐那裡，即刻現前無上菩提，大轉佛陀菩提的同類法輪。佛尊宣說了文殊名號的功德。佛陀說，簡而言之，只是憶念文殊你的名號，也有不可思議的功德。

「先逝一切如來尊……」的意思是指，過去諸佛也曾詳細宣說了文殊的威力和功德，由於你的咒語和證悟無量，因此，即便在無數劫中也說之不盡。三世無餘一切佛陀都不同程度地解說了。恆常遠離老衰、具智慧身的這位文殊童子，能普行、能照亮三世的一切佛土。釋迦王我的這一教法中，文殊你也是顯示人中之尊菩薩相而利益有情，雖然安住清淨處不可思議的聖眾都於寂滅法界中涅槃，而文殊你的密行，於三時中也永不離去、永不失去。

以簡單易懂的詞句組成偈頌，「彼等如來之佛子，住於十地出世者，世間第一自在天，不能知汝妙能仁。」「盡皆了知文殊你，此是遍知是佛陀。」「如是思量汝之名，不散一緣清淨心，過去未來現在佛，眷屬之中聞汝名。」

此外，又言：「時之此末際，必定成密宗，彼以能仁王，思擇童子者，大智文殊尊，具足童子相，遍行此世間，攝受有情眾。爾時文殊尊，成就得善現，了知流星術，爾時得現世。

二十七星宿，須臾盡宣說。彼之時末際，亦有十二宿，依於群星已，區分彼等曜，一切成各別，文殊各自行。」

又云：「釋迦獅子佛，聖教湮沒時，難忍大恐懼，爾時得成就。」「是故一切時，文殊童子汝，彼時即調伏，隨行罪業王。汝神變難思，所化亦難思，無餘諸魔眾，皆為彼調伏。佛陀勇士說，大光明文殊，住淨居上見，二足尊佛陀，言彼最勝語，歷經多劫時，汝將圓正覺，無等不可思，無數無等同，佛號為文幢，成佛現世間，恆常亦次第，爾時行佛業，解救群生已，趨入於涅槃。」

● 一切文武聖尊，無不是您所現

前譯密宗法部《大勇心釘續》中云：「聖中文殊尊，天女中具光，此二餘悉地，持明亦消失。我腹出三有，如何成寂靜，寂尊皆我身，如何變忿怒，怒尊皆我身。」

《金剛藏莊嚴續》中說：「能賜佛本智，諸佛第一智，共稱名文殊，唯一修行此。智慧成無垢，盡說一切論，前存諸自在，一切密咒王。自同一切王，一切持明者，至菩提彼岸，自在大安樂，諸法功德最，一切金剛持，抑或一切佛，普行尚獲得，何況餘悉地？水銀攝生術，足行最無垢，丸藥及隱身，一切悉賜予。此勝文殊尊，第一法語生，一切佛梵音，共稱名文殊。唯一修行此，意樂諸圓滿，諸佛尚穩至，何況餘天尊？」

此外，《三界尊勝分別續》中簡明扼要地宣說了明咒王「阿繞巴匝那德」的功德。以此為主，有關寂猛文殊咒語的許多稀有功德，在新舊續部中都已再三明說。

●香巴拉的法王

《吉祥時輪續》中記載：

瞻部洲著名的六聖地之中北方香巴拉境內殊勝莊嚴，十地大菩薩們持國王相接連出世，第一位國王妙月是金剛手的化現，出有壞親自受身吉祥時輪，宣說一萬二千根本續。自此經過七代國王，到了第八代，至尊文殊以法王妙吉祥稱的形象出世，對於國境受持婆羅門吠陀教義等的各類仙人，授予無上金剛乘灌頂，作為勝乘一種。在妙吉祥稱國王期間，形成了「法王」這一名稱。

法王妙吉祥稱，結集《根本續》的意義造了《五品略續》。《大略續》云：「具德釋迦族中，七代人君，第八代稱者，即是文殊金剛第一尊，金剛部，賜金剛灌頂後將一切仙人種族合為一種族，登上真實乘，震懾非天類，妙吉祥稱手持短矛，為一切有情解脫而於人間開顯時輪法門。」此續的《智慧品》中言：「法王稱，於婆羅門日車說法，世間自在主，安住三有之處業力之地的杲日，奇哉！賜予一切有情正道，奪去地獄恐懼，永非其餘天尊。」

如婆羅門日車所讚歎：「您雖老衰終是童子如來之子初佛即

是您，享受女人亦具梵行殊勝大悲世親閻羅敵，您雖寂靜然以妙金剛奪死畏您恆是怨魔敵，您雖解脫而為成熟眾生稱尊您普入此世。」

法王妙吉祥稱之子──觀世音菩薩的化身白蓮法王，對《略續》作了《無垢光廣釋》。

從國王妙月算起第三十二代，從妙吉祥稱法王算起第二十五代時，真實的至尊文殊國王妙吉祥稱將再度現身勇武輪的形象，摧毀邊陲邪宗。《略續世間品》云：「三十二代成非天敵，人壽百歲成為手持輪。」「期間二十五代次第計算之末際，法王種姓天王天尊頂禮輪王出於世，寂相樂賜正士消滅邊陲野蠻之種族，坐騎石馬具輪手持短矛擊中敵人威光奕。」

勇武輪法王統領大軍與十二大天的援兵，在贍部洲整個南方一帶，以暴亂的形式無餘掃除邪宗，弘揚光大總的佛教及金剛乘。其子倉巴執掌香巴拉國政，旺波於贍部洲做其他國王，弘揚妙法，使人類福壽安康，與日俱增。法王本人到了香巴拉宮殿後，以證得大手印的方式，使凡是與時輪法門結緣的眾生趨向安樂處。前面教證云：「軍兵戰場消滅邊陲邪宗遍入勇法王，輪尊前往革拉夏山天人所造之城市，彼時大地人類正法所求財物悉圓滿，五穀生長野外沉甸果實壓樹幹。邊陲野蠻群體附近人類滅絕人壽至五十，法王天造高高宮殿格拉夏背成就……」其中作了廣說。

以此為例，文殊菩薩以各種形象在等同虛空的一切剎土中，如水月般顯示無邊幻變遊舞，對此要生起恭敬之心。

● 您是一切如來智慧身

《黑大威德續》中記載：「世尊現證菩提時，魔為了障礙大能仁而發動大軍。世尊入定於克勝大魔三昧中，身語意金剛中出現忿怒大威德，對金剛手說：『你也作這樣的忿怒相，摧破、束縛、了悟魔等。』此續也由金剛手秉持。」

《大威德傳》中云：「度南方海岸，後至閻羅城，十六忿怒尊，鎮壓十六座，無門之鐵堡。依一緣智相，踐中大鐵堡。爾時勝大魔，哈哈呵呵吼，是故法王等，指向盡宣說，大勇士何為？我作勇士需，我等之命心，如供勇士納。」

前譯法部《聖文殊無垢密續》中記載：「往昔，於水輪之下風輪之上，有十七座無門閻羅大鐵堡，砍殺之業與猛烈瞋恨力所形成的黑閻羅塔雪謝瓦革熱，他的妻子名叫地燦那波，二者作為一切餓鬼的主尊，將一切眾生寫入黑牌，他們食肉飲血，居於三有中央的室內。他們二者的幻化法王等四大業閻羅王，聽命於這四者的閻羅有夏桑等四位，他們與另外世間八部鬼神眷屬一起毀壞世界。出有壞聖者文殊從法界中現身，入定於制伏鬼神三摩地，即刻變成大猛怒尊說道：『由純金色中，現密陀僧色，青蓮標幟現，閻羅黑棍指，寂靜文殊身，化現大威德。』」又說：

「如朗德姆在左、詥嘎匝哲在右，環抱佛父佛母無二的眷屬四尊閻羅王及佛母，十六尊護方閻羅王佛父佛母，四門母等不可思議的眷屬，顯示威風凜凜的身相，入定於震懾三界三摩地，使整個世間界極度動搖，腳踏死主城，以八口惡蠍嚴飾從處所引出奪取業閻羅的命心，所有閻羅供上自己的命心祈求寬恕，發誓在最後五百年承擔護持佛教的事業。」

屬於前譯法部的《大威德王續圓光品》中云：「怒名大威德，劍熾如火旋，具足威猛力，見之餘怒尊，皆失手中刃，如是世間神，悉皆身頂禮，亦有作合掌，畏懼多讚歎⋯⋯」

從了義來講，文殊菩薩是三世一切如來的唯一智慧身，微妙的諸部遍主。《讚歌品》云：「世尊智慧身，大頂髻語主，智身自然生，文殊智勇識。」《密咒品》中云：「智身主佛陀，三世佛住世。」又云：「第一持三身，具佛五身體，遍主五智主。」「能生一切佛，第一妙佛子。」「諸佛身之最。」「行三世佛業，佛陀無始末，初佛無偏墮，無垢一智眼。」「諸佛大君主，持諸佛之身。」「諸佛之大心，安住諸佛意。諸佛之大身，亦是諸佛語。」「持遍知智藏。」「諸佛之化身，俱胝無量現。」「持諸佛自性。」「諸佛所證悟，無上佛菩提。」「諸佛大精藏，持異幻化輪。」「持佛幻化續，十方種種化。」「超越諸比喻，知所知至尊。」「行至三出離，清淨之勝義。」「禮佛菩提您。」⋯⋯

《珠咒義續》中也說：「一切如來之智慧身文殊普皆清淨而攝持。」前譯法部《文殊幻化網後續》中云：「此文殊是圓滿身，不共無二周遍法，三世正等諸佛父，法界佛母顯佛子。」又云：「空性無觸任運成，諸義圓滿無取捨，自性安住文殊尊，不可思議不住思。文殊功德圓平等。」「文殊圓滿智金剛，此幻化網之寶輪，不住輪迴與涅槃，金剛之頂無思修，安住界性普安住……」

　　我們要按照這其中所說，通達無二自然本智身一切能知與所知以平等性、三世一切如來諸部遍主了義文殊童子的自性，從而生起不退轉的信心。

文殊菩薩傳第一品終

觀世音菩薩傳

頂禮、供養、皈依大悲觀自在菩薩摩訶薩！

這位大聖者的功德更是不可思議。

●這種威神力，為大慈大悲的觀自在所獨具

《佛說大乘莊嚴寶王經》[36]中記載：

觀世音菩薩入於有情無間地獄的熾燃鐵室處，當時那裡頓然變成清涼無比、鋪蓋蓮花的池塘。見到令有情解脫的這種威神力後，閻羅法王讚歎不已。

隨後觀世音菩薩到了餓鬼前，使那裡變得涼爽，眾餓鬼都心懷慈愛，斷絕了一切痛苦。觀音十手指、十足趾湧出大河流，所有毛孔中也湧出瀑流，使所有餓鬼得以滿足、遠離一切苦楚，借助《佛說大乘莊嚴寶王經》音聲的傳出，依靠智慧金剛摧毀薩迦耶見，令他們往生到極樂世界。

---

36 《佛說大乘莊嚴寶王經》所摘內容，在漢文大藏經《佛說大乘莊嚴寶王經（卷1）》中有。

觀世音菩薩每一天能成熟成千上萬俱胝那由他數剎土的有情，他這種大威力，諸位如來也不具有。他的眼中出現日月，額頭出現大自在天，肩膀出現梵天，心臟出現大力神，牙齒出現妙音天女，口中出現風神，足中出現地神，腹部出現水神。觀世音菩薩所到之處，花雨紛飛、池塘流淌、妙樹繁茂等呈現出各種各樣稀有奇妙瑞相。觀世音菩薩顯示能調化有情的如來、聲聞、緣覺、梵天、人、非人等種種身相，使芸芸眾生得以成熟。觀世音菩薩的這種行境，甚至如來也不具有。

●隨處現身，無所不化

此外，他在位於這個贍部洲金剛藏洞穴的所有非天前，示現非天的形象說法，使他們往生極樂。其後，他到金地所有倒栽行眾生之境域、銀地四足有情之境域、非天朵瑪之境域說法，把他們攝受至不退轉道。他又到漆黑一片的夜叉、羅剎境內講經說法；接著在淨居天化現為婆羅門，以正法和財物調化了貧窮的妙嚴耳天子；隨即在斯里蘭卡洲的諸羅剎母前化現為欲妙相，把她們安置於正法中。他在附近的大壞城糞坑內成千上萬類昆蟲前化現為蜜蜂的形象，發出「頂禮佛陀」的聲音，結果牠們變成了妙香菩薩，往生到極樂世界。之後，他在位於瑪嘎達荒野相互啖食的眾生前降下食雨，聽到它們的讚歎而心生歡喜。

觀世音菩薩入定於「辨別」、「光明」等諸多三摩地，他

的每一毛孔都安住百千等持。觀世音菩薩的這種福德資糧，甚至如來也不具有，更何況說菩薩了？往昔，在除迷信如來前，普賢菩薩入於上擎金剛等持中，當時觀世音菩薩入於離散三摩地；普賢菩薩入定於妙月目等持時，觀世音入定於妙日目三摩地等，以諸如此類的許多三摩地分散，普賢菩薩對觀世音菩薩說：「善男子，您的這種大勇實在善妙。」除迷信如來對普賢菩薩說：「善男子，你僅僅見到了觀世音的少分威力，像觀世音那樣的大勇威力，連如來也不具有。」

● 這是一塵中有塵數剎的境界

釋迦王世尊告言除蓋障菩薩：「觀世音的福德資糧我今不能廣說，如果略說其一一毛孔的功德，他的金毛孔中有百千俱胝那由他乾達婆，他們不為痛苦煩惱所害，安住於正法，通過如意寶而成辦心願。

過此又有黑毛孔，其中住有數百千俱胝仙人，他們具足一通乃至六通。在此毛孔中，有白銀大地，其上有黃金為山、白銀為峰、由紅蓮點綴的七十七座山，山中一一安住著八萬仙人。其間有樹身紅色、樹葉由金銀所成的如意樹，及七寶池、其餘如意寶等種種莊嚴所點綴，天衣、珍饌、妙香隨其所念而現，法音流布，具有此類眾多功德。

此外，他的珍寶耳飾毛孔裡，安住著眾多美麗的尋香女，無

有貪愛等的折磨，依靠憶念觀世音的名號，就會出現所需的一切物品。

他的毛孔，如虛空界般無有邊際，也無障礙。普賢菩薩用十二年遍行於觀世音菩薩的毛孔，也沒有見到其盡頭。住於一一毛孔的普賢菩薩尚且見不到，更何況說其他菩薩了？觀世音菩薩的自性身體，甚至如來也見不到，更何況說普賢菩薩等其餘菩薩了？

他的甘露滴毛孔，是天子、安住一地至十地菩薩的所在處，具有山巒、宮殿、河流、如意樹等無量莊嚴。他的金剛門毛孔裡，住有許多緊那羅。日光、根王等毛孔，都有各種無量莊嚴。持觀世音菩薩名號和六字大明咒的人能轉生到那裡，不再流轉輪迴，乃至涅槃之間，一直輾轉住於觀世音菩薩的毛孔中。

●他的福德連一切佛也數不能盡

此外，觀世音菩薩的右腳拇趾中出現四大海洋，深不可測，馬泉河[37]流淌，諸如此類，觀世音菩薩的加持不可思議，成熟無量有情，並把他們安置於菩提道。

往昔，具髻如來告訴寶手菩薩：「在天界數劫中用妙衣、神饈、資具承侍恆河沙數如來的福德，與安住於觀世音一毛孔尖的福德相等；四大部洲一年十二個月中大江流淌的水滴、大海中的

---

37 馬泉河：四河原之一，從岡底斯山主峰附過流出的四大水源，東面象泉河為恆河之源，南面孔雀河為信度河之源，西面瑪爾河為縛芻河或雅魯藏布江之源，北面獅泉河為徙多河之源。

水滴以及位於四洲的野獸猛獸等的一一毛孔可以計數，而觀世音的福德資糧不可勝數；用純金製造極微塵數的佛像後每天用舍利裝藏的福德，與西日夏巴樹林的葉子可以計數，而觀世音的福德不可勝數；山王及鐵圍山等用秤可以稱量，而觀世音的福德不可計數；贍部洲的所有男女變成執筆者，無量無邊的山王變成樺樹皮，大海變成墨汁，所書寫文字的每一點，可以計數，而觀世音的福德資糧不可計數。譬如，對等同十二恆河沙數的如來，用妙衣、珍饌、臥墊、良藥一切資具承侍的福蘊，與安住觀世音一根髮尖的福德相等；將四洲所有男女安置於阿羅漢及緣覺菩提的福德，與安住觀世音一汗毛的福蘊相等。與我相同的一切佛陀聚集一處，尚且不能計算觀世音的福蘊，更何況唯我一佛了？」

● 為了六字大明咒歷盡艱辛，嗡嗎呢唄美吽

世尊告言：「受持觀世音菩薩摩訶薩的名號稀有罕見，他的六字大明咒，一切如來在十六劫中前去尋覓，一切如來之大佛母也頂禮此大明咒。持誦六字大明咒者，會獲得無量福德。念誦時，等同極微塵數的如來與菩薩雲集，其身體一汗毛也有俱胝佛陀安住，並賜言：『善男子，你善得（如是大明咒），位於腹內的一切含生也將成為不退轉菩薩，善哉。』天、龍、夜叉等予以保護。誰的身體上繫戴六字大明咒，就變成金剛身，能辨別佛陀的智慧，圓滿辯才、智慧、慈心、波羅蜜多等一切功德，迅

速成就無上菩提佛果。凡是接觸、現見六字大明咒的一切有情，都成為最後有菩薩。此大明咒能斷除輪迴的根本，趨入解脫與遍知。勤於此者，瞻部洲遍滿四寶可供養於他。假設有人想繕寫而需要墨，我願以血作墨汁、以皮當紙、以骨作筆，供其繕寫，因為這是無上之舉。念誦此大明咒者，將獲得持寶等一百零八種三摩地。何人僅僅憶念也能清淨一切罪業，持誦一遍的福德無法比喻，一切極微塵數能夠數盡，大海之沙能夠數盡，五百由旬高、一百由旬寬的室內密密麻麻裝滿芝麻，每過一百年取出一粒，（經過的時間）能夠數盡，而持誦此大明咒的福蘊不可勝數。如是，瞻部洲所有糧食成熟的數目、恆河等十一大江河一一有五百支流晝夜流入大海的水滴、所有野獸猛獸毛的數目，可以數盡，金剛鐵鉤山王高九萬九千由旬，向下八萬四千由旬，四面各有八萬四千由旬，每過一劫後用斑毛草布擦拭一次，終有一天能夠窮盡，然而誦一遍六字真言的福德不可勝數。如是，用髮尖測量大海的水滴、一年或十三個月期間晝夜不間斷降下大雨的水滴能夠計數，而誦一遍六字真言的福蘊不可勝數。住於瞻部洲的所有男人女人、童男童女安住於七地菩薩的福蘊，不及誦一遍六字真言的福德大。俱胝數如來在一處於天界的劫數中宣說也無法計算六字大明咒的福蘊，更何況說唯我一佛住於此世界了？繕寫六字真言，則為繕寫八萬四千法蘊。嗡嗎呢吧美吽！用天金製造等同極微塵數的佛像後每天用舍利裝藏的異熟果報，僅僅是六字真言一

字的異熟果報。繫戴這般不可思議的六字真言，即便行為和戒律如何失壞也不會被一切煩惱所染，這是無毀金剛語、無上智慧語、一切之精華。」

　　釋迦牟尼如來對除蓋障菩薩說：「善男子，為求此六字大明咒，我曾經去往等同極微塵數的世界，承侍過數百千俱胝那由他佛陀，可是在他們面前沒有聽到。後來在紅勝佛面前，淚流滿面，佛陀告言：『善男子，不要流淚，到妙蓮花如來前，他知曉此大明咒，去吧。』依佛言教，我前往頂禮那位佛陀，合掌稟佛：『我知道僅僅隨念六字大明咒這一名稱就可清淨一切罪業，菩薩難得聽聞，為此我赴往許多世界，也沒有得到。』妙蓮花如來詳細讚歎六字大明咒，並說：『善男子，我也曾前往數百千俱胝那由他世界而在無量光如來面前合掌，自然流淚，阿彌陀佛（無量光佛）告言觀世音：善男子且看，妙蓮花如來為了六字大明咒，去了數百千俱胝那由他世界。善男子，請賜予六字明咒王。』雖然成為如來，但也為此無處不去。隨後，觀世音菩薩將連同壇城儀軌的六字大明咒王授予妙蓮花如來，當時，大地及大海震動，諸魔、夜叉紛紛逃避。妙蓮花如來舒展象鼻般的妙臂，將百千珍珠瓔珞供養觀世音菩薩。觀世音接受後獻給無量光佛。阿彌陀佛（無量光佛）接受後又供養給妙蓮花如來。妙蓮花如來得到六字大明咒後回到蓮花世界。善男子，往昔我也是在妙蓮花如來前才聽到此明咒。」

● 菩薩就在你我身邊

除蓋障菩薩啟稟：「世尊，我在何處才能得到六字明咒？」

佛告言：「善男子，在此附近的大壞城，有個持六字明咒的法師。持六字明咒的法師極為罕見，你將那位法師當視如佛陀，當視如眾生的福德蘊，當視如無顛倒語、珍寶堆、賜微妙的如意寶珠、寶藏、眾生之救度者。善男子，那位法師失壞戒律，不護行為，由妻子兒女圍繞，袈裟也是骯髒不堪，但見到他的行為，你不要生疑惑心，否則會由菩薩地墮入惡趣。」

除蓋障菩薩由數百千眷屬所圍繞，攜帶各種供品前去附近的大壞城，在那位法師足下頂禮，雖然見他失毀戒律、不護行為，但仍然供養傘、裝飾、塗香等，雙手合掌讚歎道：「奇哉，領受法藏、積累甘露藏等同大海般的您，深不可測……」

那位法師說：「善男子，您不要生後悔心。朋友，煩惱能產生貪行、輪迴之相及眾生輪。了知六字大明咒者，不被貪嗔痴所染，如同贍部捺陀金不為垢所染。」

除蓋障菩薩握著他的雙足說：「但願成為盲者的明目，指示正道，我渴求正法，願以法味滿足……」祈求他賜予六字明咒。

那位法師讚說：「六字大明咒王是稀有語、金剛語、金剛不壞語、無上智慧語、無盡智慧語、無上語……此外，少許念誦六字大明咒，也相當於宣說十二部大乘法藏，獲得寂滅解脫。如同地裡的果實作為精華，其餘瑜伽好似糠秕，一切之中，此明咒王相當於果

囊。善男子，一切菩薩為六波羅蜜多付出大艱辛，而念誦一遍六字明咒能圓滿六波羅蜜多。僅僅持受此明咒的名稱也是稀有，如果持受一遍名稱，相當於用妙衣等一切資具供養一切如來。」

除蓋障菩薩祈求那位法師恩賜六字明咒。

法師正念思維，突然從虛空中傳出「願賜予六字大明咒」的聲音，又從虛空中傳出「此菩薩精進行持諸多苦行，願賜予六字明咒」的聲音。那位法師目視虛空，看到觀世音菩薩，知曉應該授予。於是便將六字明咒賜給除蓋障菩薩，當即，大地出現六種震動。除蓋障菩薩獲得了無盡法性等許多三摩地。

其後，除蓋障菩薩準備將四洲充滿七寶供品，對法師作法供養。

那位法師說：「這些尚且抵不過（咒語）一字的價值，何況是六字了？善男子，我從你處取受也無所取受，你是菩薩，你是我調化的。」

除蓋障菩薩獻上價值百千的珍珠鬘。

法師說：「你應當聽我的話，去供養釋迦牟尼如來。」

隨後，除蓋障菩薩在那位法師足下頂禮後離去。得到了應該得到的，圓滿了心願後，他回到匝達園，在釋迦佛前頂禮膜拜，呈白善得（此咒）的情形。

●救苦救難的八拉哈馬王

　　另有一次，釋迦世尊講述：「我往昔成為菩薩時，偕同五百商人赴海（求寶），當時被逆風吹到了羅剎洲。在那裡，五百羅剎女化為童女相，以令人歡喜、誘人心魄的花言巧語，把商人們帶到不同的住處。

　　「有位老羅剎女領著我嬉戲，晚上她酣然入睡。（一天她忽然）大笑起來，我問她為何發笑？她說：『這裡是羅剎洲，我是此處的羅剎女，一定會要你的命。如果不信，就去右方的道路看看。』我按她所說的去做，結果在鐵城裡看見先前羅剎女所捉的商人，並聽他們說：『每天我們中都有一百人被帶走吃掉。』

　　「我問那個老羅剎女該怎麼辦？她告訴我：『有個八拉哈馬王一直幫助受苦受難者，牠知道隱祕妙藥，往來於金沙灘。』（於是我找到馬王，牠）抖動身體問：『誰去彼岸？』我連忙說：『我去彼岸。』牠聽到便說：『渡至彼岸。』

　　「我同樣對其他商人講了這個祕密，大家商定三日後離開。

　　「（到了那天，大家）一邊發誓不要顧戀羅剎洲，一邊啟程離開。馬王的身體一抖，說三遍：『誰要離開羅剎洲前往彼岸？』那些商人說：『我們要去彼岸。』馬王說：『你們誰也不要回頭望羅剎洲。』話音剛落，我和五百商人就騎上了牠。

　　「當時，羅剎女們隨後追趕，可憐兮兮地哭訴著，商人們忍不住回頭看她們，結果一頭栽到水裡，被羅剎女抓走吃掉。唯

獨我一人回到了贍部洲。當我靠近岸邊時，八拉哈馬王轉繞我三匝，頂禮後離去。我漸漸返回家園，見到父母，他們喜出望外。

「昔日，我成為商主遇到這種痛苦和死亡的威脅時，是化為八拉哈馬王的觀世音菩薩使我擺脫了困境。觀世音菩薩，是無依無怙者的依怙，對恐懼者給予無畏，成為黑暗中的明燈，是烈日逼惱者的涼傘，是罹患疾病者的妙藥，是痛苦者的父母，不間斷為眾生解除憂苦。憶念觀世音菩薩名號者，具足安樂，能脫離老、病、死苦，成為最後流轉者，往生極樂世界，於無量光佛前聞法，恆常安住彼國。」

●觀世音之名由此而來

《大悲白蓮經》[38]中記載：

往昔過恆河沙數阿僧祇劫前，在此佛剎，善持大劫中有寶藏如來出世。在那個剎土，轉輪王輻圍生了一千個王子，並對如來及其眷屬廣興承侍。當時，我等大師成為那位國王的宰相——海塵婆羅門，是寶藏如來的父親。他使國王、千位王子以及其餘芸芸眾生斷除了低劣的意樂，受持無上菩提。

其中大王子不閉目，啟白寶藏如來：「世尊，我目睹惡趣和善趣的一切有情，為了他們，我披上盔甲將一切善根迴向無上菩提。我行持菩薩行時，任何眾生如果為痛苦所折磨，為危難所恐

---

38 《大悲白蓮經》所摘內容，在漢文大藏經《悲華經（卷2）》中有。

怖，退失正法墮入黑暗，怯懦軟弱、無依無親，若能隨念我並持誦我名，我以天耳聞之、以天眼見之，若不能令彼等脫離痛苦，願我不於無上菩提道中成佛。願以我的願力為利益眾生而長久行持菩薩行時，我的願望得以圓滿，輻圍國王於極樂世界成佛（佛號無量光如來），直至涅槃之間我行菩薩行，於其後成佛。」

寶藏如來告言：「善男子，你為使一切有情解脫痛苦、煩惱，生大悲心，今名為觀世音自在。你即便身為菩薩，也能行持佛陀的事業。無量光佛涅槃後，於第二恆河沙數劫後分，初夜分中正法隱沒，黎明時分，你於眾莊嚴菩提樹下金剛座上成就無上菩提佛果，佛號光勝吉祥積王如來，壽量九百六十萬俱胝那由他劫。」

● 西方三聖最初發心因緣

《如幻三昧經》[39]中記載：

釋迦如來以光芒從極樂世界迎請觀世音與大勢至二大菩薩來此（娑婆世界）。他們大顯神變，幻化出眾多絕妙莊嚴所飾的八十四俱胝樓閣，連同那裡的所有菩薩眷屬來此，頂禮佛足，以偈頌讚歎。

如來告蓮花吉祥藏菩薩：「善男子，這兩位大士從無數劫以

---

39 《如幻三昧經》所摘內容，在漢文大藏經《佛說如幻三摩地無量印法門經（卷1）》中有。

來一直修行善根，獲得如幻等持而顯示種種神變，你且觀東方所現。」

蓮花吉祥藏菩薩舉目一望，只見東方恆河沙數佛土中，不盡其數的觀世音與大勢至在不盡其數的佛面前請安……又見到十方一一剎土也有那麼多示現。他倍感稀奇，於是請問世尊：「這兩位大士，曾在哪位如來面前發心，至今已有多久？」

佛陀告言：「過去無數劫又百千無數世界極微塵數久遠不可思議劫前，有世界名為寶積無量安樂，金光獅子遊戲王如來出世，他佛土的功德不可限量，若以比喻來說，現在極樂世界的莊嚴相當於以髮尖百分之一（從大海中）所取的水滴，彼佛剎土莊嚴則如大海剩餘的水滴，要讚歎那一剎土的功德，縱然在恆河沙數劫中也說之不盡。彼剎土中，大千世界的自在法王吉祥威光有百俱胝王子，他們全部趨入無上菩提，一同在八百四十萬億年間承侍金光獅子遊戲王佛，受持無量手印法理。」

後於一時，那位國王在樂園中禪修，發現左右有兩棵蛇心栴檀蓮花絢麗無比，令人見而生喜。從這兩朵蓮花中，化生出寶心和寶勝兩位童子，他們相互問答，由此國王成就了五通。那兩位童子隨國王一起，來到世尊金光獅子遊戲王面前頂禮膜拜。兩位童子以偈頌請問「如何供養如來」，佛告言：「如果發菩提心，就是最微妙的供養。」

二童子於前際不可得劫中，曾為眾生行持（菩薩）行為，從

此沒有生起過煩惱心和不善心。他們啟稟佛陀:「(願我等)修行此佛一樣的淨土。」結果大地震動等瑞相紛呈。

當時的威光吉祥王就是無量光佛,寶勝童子是觀世音,寶心童子是大勢至,他們最初就是這樣發心的。

恆河沙數的邊際能夠了知,而這兩位大士在那位如來之前曾承侍過的佛陀以及在那些佛陀前發心的邊際無法揣測。二位大菩薩披上不可思議盔甲,功德無量,功德的邊際無法得知。觀世音菩薩在極樂剎土寶積世界成佛,佛號光勝吉祥積王如來,他剎土的莊嚴,縱然如來在恆河沙數劫中宣說也說之不盡。前面提到的金光獅子遊戲王如來剎土的莊嚴,也比不上觀音剎土的百千分之一。大勢至菩薩在吉祥積王如來滅度後正法隱沒之時在彼剎土成佛,佛號善住功德寶積王如來,他的剎土和菩薩眷屬與吉祥積王如來相同。聽聞這兩位佛陀的名號者,於無上菩提中不退轉。如若耳聞過去佛金光獅子遊戲王如來和未來這兩尊佛的名號,將不轉女身,四十俱胝劫中摧毀輪迴,於無上菩提中不退轉,不離親見佛陀、聽聞正法、承侍僧眾,此命終後,常得出家,回憶生世,辯才無礙,獲得總持。

● 有求必應,不是說說而已,是來自願力

《妙法蓮花經》[40]中記載:

40《妙法蓮花經》所摘內容,在漢文大藏經《妙法蓮華經(卷7)》中有。

無盡慧菩薩請問世尊：「（觀世音菩薩）為何取名『觀世音』？」

佛陀告言：「若有百千俱胝那由他眾生感受痛苦，墜烈火中；溺江河中；為寶而赴海，被黑風吹到羅剎女洲；劊子手準備殺害；從山頂被拋下；被鐵鐐束縛；遭受藥、咒、起屍、魔鬼等威脅；遭遇猛獸、霹靂、大冰雹，凶殘食肉鬼等，無論出現任何危難、痛苦，只要得聞觀世音的名號，就能迅速擺脫一切危難、恐懼。

「縱然這個三千世界遍滿夜叉、羅剎，對受持觀世音名號者也不敢以瞋心相視。即使為了殺害某人而降金剛大山於其頭頂，如果那人憶念觀世音，那麼連他的毛孔也不能損害。假使這個三千世界遍滿手持兵器的怨敵，若人聽聞觀世音的名號，就能從這種畏怖中解脫。若有被貪、瞋、痴所折磨者，持受觀世音的名號，則會遠離那些煩惱。如是處於無暇、鬥爭、爭論、死時等極其悲慘之際，這位大慈大悲的尊主是怙主、友軍、至親。求兒求女等人如若持受觀世音的名號，會生出相貌端嚴的子女，天生具足善根。

「何者向六十二恆河沙數佛陀作禮、持受彼佛號，並以妙衣、齋食等一切資具供養同等數的住世佛陀，另外有人作禮一次觀世音，持受他的名號，這兩者的現行福德完全等同，其福德在俱胝那由他劫中也不容易窮盡，如此福德不可估量。觀世音以佛

陀乃至普通人的各種身相，應機調化而如此示現，宣說正法，給予一切眾生無畏，因此眾所周知，他在這個娑婆世界也名『施無畏』。」

此後，佛陀又以偈頌廣為讚歎了觀世音菩薩。

●聞、憶、念觀音名號有說不完的利益

《華嚴經》[41]中記載：

商主之子善財前往普陀山，向觀世音菩薩頂禮，請教菩薩行。觀世音菩薩右手舒展，放射出贍部捺陀金色光網種種無量莊嚴的彩雲，為善財摸頂，說道：「善男子，我安住於菩薩大悲行門，常在一切如來足前，普現一切眾生前而為利益，依靠種種攝事、身相、顏色、放光、妙音、威儀、說法，以及隨順眾生意樂的種種神變，使其修行、成熟。常救度一切有情遠離各種畏懼，如墮險地、迷茫、束縛、命難、乏少資具、無有生計、無有名聲、處眾畏怯、死亡、三惡趣、暗中行途、與不同緣分者悲慘相處、愛別離、怨憎會、身心不安、輪迴中的危難和一切有情的苦楚、不悅、煩亂、醜陋之苦，成為一切眾生的依怙處，（如今）已現前成就此願。為消除一切眾生的畏懼，於世間中通過隨念我而加持之。為令眾生遠離一切畏懼，將自己的名號現於世間。為了及時前去（救護眾生），加持此身成為等同眾生行相的無量俱

---

41 《華嚴經》所摘內容，在漢文大藏經《華嚴經（卷16）》中有。

胝數。我以這個身體救度一切有情遠離畏懼，獲得佛陀的一切法而發無上圓滿菩提心，至不退轉地。」

　　觀世音菩薩善巧說此偈：「佛子我知一解脫，智藏諸佛大悲力，為救眾生而現世，慈悲一切如愛己，救度眾生離諸苦，緊受束縛亦施敵，身體遭損入囹圄，聞受我名而脫離。觸犯王法死刑者，彼等若念我之名，射箭不能中彼身，利刃不刺而脫離。至王眷中眾爭論，克勝諸敵獲名聲，譽友種姓財寶增，憶念我名無匹敵。若有隨念我名者，行林憂盜畏仇逼，獅子熊豹野牛蛇，克勝諸敵無畏懼。若有憶念我名者，縱遭嗔心拋大山，或拋重炭烈火中，火成遍滿蓮花海。頃刻隨念我名者，拋海水中不喪生，水不能沖火不焚，不成無義成諸義。木枷棍籠鐵鐐墜，輕蔑如是受欺惑，恐嚇謾罵貶低者，唯憶我名得解脫。種種危害攻擊者，恆說嗔恨惡言者，聞念我名說愛語，唯見亦生仁慈心。若有憶念我名者，為害起屍行詛咒，一切怨敵常勝伏，諸毒不能害其身。若有憶念我名者，龍王鯨鵬食肉者，鳩槃茶具殘害心，奪澤威脅夢亦息。瞬息憶念我名者，不離父母諸親友，如是不與嗔人依，財富無盡無貧窮。若有隨念我名者，命終不墮無間獄，不生惡趣鬼無暇，轉生清淨人天處。若有憶念我名者，不成天盲聾殘疾，不成跛盲成聰明，多俱胝劫具諸根。若有隨念我名者，清淨有情命終生，十方世界佛現前，見佛亦聞彼等法。此與其餘眾方便，調化有情量不盡。」

● 能多方保護你的大悲咒

《摧破大千經》中云：「設彼住能害，劊子手擊刃，隨念觀世音，兵刃折成段。設若持兵器，手斷墮落地，少不落彼身，除非昔造作。」

《略攝大悲咒功德經》[42]中說：「至山牧荒野，遇虎狼猛獸，蜥蜴蛇鬼妖，誦咒聞不害。何人赴江海，惡龍水怪凶，夜叉羅剎鯨，龜聞此咒散。沙場敵困者，盜匪奪寶者，專誦大悲咒，彼生慈心退。國王懲治者，鐵鐐縛入獄，專誦大悲咒，王生慈心釋。誰入詛咒室，毒飲食害時，專誦大悲咒，毒成甘飲食。孕婦分娩時，魔障受劇苦，專誦大悲咒，離魔而順產。龍魔散毒氣，熱病逼危時，專誦大悲咒，除疫得長壽。龍魔遊損腫，劇癩流膿血，專誦大悲咒，三塗涎消腫。眾生汙作惡，詛咒敵害時，專誦大悲咒，歸集放咒人。惡增濁壞法，欲火盛心痴，夫妻各愛他，晝夜心常倒，誰誦大悲咒，熄欲火除倒，廣說此咒力，劫中說不盡。」其中直接宣說了千手千眼陀羅尼咒的功德，由此也可見持受觀世音名號的功德利益。

《觀世音根本續蓮花網》中記載了觀世音往昔行菩薩行的情形及其明咒，為文殊、普賢、除蓋障等菩薩菩薩姆所讚歎，十方佛陀（說其功德也）說之不盡。觀世音以不同名號和姿態偕同

---

42 《略攝大悲咒功德經》：漢文大藏經中為《千手千眼觀世音菩薩廣大圓滿無礙大悲心陀羅尼經》。

眷屬來此剎土，宣說各自大明咒，十方一切佛陀以手印為彼等摸頂，傳出「善哉」的妙音，忿怒明王會眾翩然起舞，遣除違緣，世間護法眾及眷屬立誓護持佛教。

《千手千眼觀音廣儀軌》中云：「大菩薩觀世音的自在神變力不可思議。在過去無量劫以前，已現前正等菩提而成佛，佛號法光佛出有壞。他以大悲及願力，為利樂有情而於此顯現菩薩相。人天眾生對其當恆常供養、持誦名號，以此生起善根，清淨重重罪業，死後往生極樂世界。」

《大乘小字般若經》中說：「世尊告觀世音：『你為應供正等覺光勝吉祥積王如來，何者聽聞你的名號，受持、讀誦，亦為他眾廣說，繕寫經函以作供養，彼等都將於未來時成佛。』」

《聖諸法功德莊嚴王經》中云：「金剛手請問：『世尊，為何名為觀世音自在？』佛告言：『能如是觀見、能分別、能滿足、能救護一切世間，能真實賜予安慰，具足悲心、喜心、慈心、憐憫心而能滿足一切心願，由此稱為觀世音自在。』金剛手啟稟：『世尊，僅思念觀世音自在名號，也能滿足一切心願。』」

《宣說觀世音一百零八名號經》中說：「何人恆時欲安樂，於眾生主觀世音，蓮花中生常讚歎。」

至尊大悲觀自在傳第二品終

金剛手菩薩傳

頂禮、供養、皈依金剛手菩薩摩訶薩！

這位受持如來身語意一切之密寶藏者——密主金剛手菩薩，是不可思議的主尊。

●他與千佛曾是兄弟

《聖寶積部·祕密不可思議品》[43]中記載：

寂慧菩薩對世尊右側、手持金剛的金剛手說：「密主，你常承侍如來左右，如來的祕密之處超越聲聞、緣覺的境界，更何況普通眾生了。請對如此道理講辯一番。」

釋迦牟尼如來也如是勸請金剛手。

密主說道：「自世尊昔日做菩薩得燃燈佛授記以來，我一直承侍菩薩左右，所見菩薩身語意之密的一部分是如此這般……」

---

43 《聖寶積部·祕密不可思議品》所摘內容，在漢文大藏經《佛說如來不思議祕密大乘經（卷1）》中有。

以此講說利益了無量有情。

當時，在場的有些菩薩心想：「具有如此辯才的密主，到底生起了什麼善根？承侍過多少佛陀？發下了怎樣的大願？」

依他們所想，世尊告言：「過去不可思議無數劫妙光劫時，有世界名為莊嚴，無邊功德錦寶莊嚴王如來出世，當時他的壽量長達三十六俱胝年。人們無有非時橫死，整個世界極其富饒、安寧，一切有情均是煩惱微薄，具有通曉善說的威力。在那個世界中，妙光四洲的中間世界富饒安樂，地域遼闊，在豐富物資嚴飾的清淨宮殿城市中，轉輪王護國統治四洲，於無上菩提得不退轉。他有七十萬玉女寶般的妃子，有一千位英勇無比、相貌堂堂的王子，都趣入了圓滿菩提。當時，世尊無邊功德錦寶莊嚴王及比丘僧眾同住於清淨王宮中，護國國王在俱胝年間，以應有盡有的一切合意受用進行承侍，不放逸聽聞正法，獲得了五通。當時，那些年幼的王子見父王為了供養，用天界的蛇心栴檀建造廣大樓閣，面積有十由旬，令人見而生喜的布局精美莊嚴，整個贍部洲也比不上那栴檀的一半價值。護國王及王子、嬪妃、侍從邁入那座宮殿，連同各式各樣供養的資具幻化到上空。當無邊功德寶莊嚴王佛來到那裡時，他們將樓閣置於地上，頂禮如來，聽聞正法。如來通過法語令他們滿心歡喜，國王將國政全部供養佛陀。

「在一個月圓之日，護國國王在樂園高興地欣賞音樂，賢

妻子瑪瑪曼和慧美瑪二人沐浴後坐於蓮源獅子床上。她們的懷裡化生出兩個令人見而生喜、結跏趺坐的莊嚴王子。剎那間，上空中，諸天人傳出『奇哉，此童子名為法思，彼童子名為法慧』的音聲。兩個童子即如是取名。二童子剛一出生，未解開跏趺便說法偈，從母親懷裡下來向父王頂禮，請求去往如來面前。於是父母攜帶王子來到佛前，聽聞正法，以此利益了芸芸眾生。

「一天，護國國王在樓閣裡靜坐，沉思：『我這些童子既然全都是趨入無上菩提者，應觀察一下其中誰先成佛。』於是將他們的名字寫上，放入七寶瓶中，供養七天，然後在王妃及王子面前，一一取出裡面的人名。首先出現的是淨意王子的名字，即時大地震動，鐃鈸自然發出妙音，那位王子就是（賢劫中的）拘留孫佛。如是尊勝部、寂根、義成、大地的名字依次出現，他們分別是迦那迦牟尼佛、迦葉佛、現在的本師釋迦牟尼佛和未來的彌勒佛。接著是從勝慧到冠嚴之間九百九十九位王子的名字，按順序是從獅子如來至無邊功德稱如來。所有王子中年齡最小的無邊慧，名字出現在最後。

「所有兄長都說：『當我們（成佛時）已成熟了一切眾生，之後你有何可做的？』

「小王子說：『佛陀之法等同虛空，有情也無有盡頭，我發願行持綜合您們全部的壽量等佛之事業。』當即從空中傳出諸天人所讚『善哉』的聲音。這位就是勝解如來，是（賢劫）千佛的

最後一位，他總集了賢劫前面所有如來的壽量、僧眾數、事業量等。

「隨後，這一千位童子對法思和法慧說：『善男子，你們倆發了什麼願？』

「瑪瑪曼之子法思說：『諸位兄長，我發願在您們之中行持（正法），成為金剛手，保護如來一切祕密，聽聞、信受、證悟佛陀內外一切法。』

「慧美瑪之子法慧說：『我發願在您們成佛時，請轉法輪。』

「彼時，護國國王就是燃燈佛，千位王子即此賢劫千佛，法思童子就是密主金剛手，法慧童子是具髻梵天。」

●乘願而來，受持諸佛之密

隨後，舍利子白佛言：「世尊，十方世界，賢劫諸菩薩現於佛前行持梵淨行，密主（金剛手）具有這一切嗎？」

世尊告言：「舍利子，暫且莫談，這是不可思議行。（金剛手）菩薩的這一行為，會使連同天人在內的世間眾生深感迷惑。具有信心、為善知識所攝受者，才聞此不生驚怖。舍利子，你可曾見到密主金剛手常隨我身後？」

舍利子稟佛：「我依靠佛陀的威德力，今日才見到，以前沒有見過。」

佛告言：「如是賢劫一切菩薩的身後，都會普現金剛手的身相。現在你可見到彌勒身後的金剛手？」

舍利子稟佛：「我才見到，以前不曾見過。」

佛告言：「金剛手恆常跟隨身後，只是你沒有看見，（他方世界的）菩薩和所有世間怙主，常能看到他手持金剛、恆常安坐。賢劫的一切菩薩，會幻化百千俱胝那由他化身，他們的身後都住有金剛手，同樣，一切如來的幻化身，其背後也有如是顯現，這一切都是密主的加持。大千世界中所有眾生的背後，雖然也普現金剛手身相，可是他不展示圓滿法和智慧的加持。」

隨後，世尊告寂慧菩薩：「寂慧，這位持執金剛的金剛手，在供養賢劫一切佛陀並受持妙法、廣行如來一切祕密法門、成熟無量有情之後，於勝解佛正法隱沒之際，往生到不動如來的現喜佛剎，在彼如來座前受持並修行百種手印佛法，其後令無量無邊的如來歡喜，護持他們的正法，使無量有情成熟圓滿菩提。之後再過恆河沙數劫，他將現前圓滿成佛，於清淨劫的普淨世界，成就如來應供正等覺，佛號金剛伏。

「他的剎土中，無有惡趣與無暇，普皆清淨，富饒莊嚴，與兜率天的受用等同，無有非時橫死。若往生到那裡，一切眾生信解大乘，連聲聞、緣覺二乘的名字也不復存在，（彼佛所說）唯大乘法語，（其眷屬）具有天、人二十八種妙相莊嚴。彼佛壽量達八中劫，他說法時，身體放光召集眷屬，後騰空到十萬娑羅

樹之高處，結跏趺坐的身體遍布四洲世界，妙音令十方世界悉聞。（如來為諸菩薩）如是說法時，無一眾生與他所說之法有所違背，因為這些眾生均是利根者。在他的剎土中，除了如來是法王以外，無有其他國王，一切有情均無有我執。彼如來在（其剎土欲行乞食時，）於供齋的天、人面前持缽而住，他們只要一意念，一切資具便隨念而生，對如來進行供齋。如來（享用之後，回到住所）真實安住，諸菩薩也隨應入於三昧莊嚴而住……在彼世界，具足這些殊勝功德及其餘無量功德。」

佛陀（為金剛手如是）授記，金剛手（聽後踴躍歡喜，）將金剛拋至虛空，震動了整個世界，天降花雨，傳出鐃鈸聲。

●有清淨觀，一切都是助伴

此後，密主迎請世尊及其眷屬前往（自己的住處）揚柳宮，住了七夜。金剛手入定於大莊嚴王三摩地，幻化出與東方的功德寶無邊莊嚴佛土等同的經堂，又告知並召集四大天王及其眷屬，乃至從梵眾天到色究竟天的天人，前去那裡聽法，並（在佛前）念出密咒，由此利益了無量有情。

後來，世尊返回到靈鷲山，告訴前來請教（金剛手有何等功德）的未生怨王：「大王，十方世界恆河沙數能夠數盡，而密主金剛手供養承侍那些佛陀的數量無法得知，他皆於其前行梵淨行。過去無數大劫前，有如來名為寂行，他一直宣說『菩薩

連生身性命也當捨棄而精進修行』的菩薩法語。當時，這位金剛手成為眾眷屬中的勇力菩薩，他思維如來的語義，從而不將涅槃視為功德而將輪迴看成功德，將輪迴作為行境，受持無量菩薩行之義。如來賜言『善哉』，並宣說了清淨行境之法，由此他通達『如同一切色為虛空的行境一樣，諸法均是菩薩的行境』，於是披上堅韌盔甲，承侍了數多佛陀。」

● 高深莫測的金剛

未生怨王想：「金剛手右手拿的這個金剛，是重還是輕呢？」

密主知曉他心中所想，於是說：「這個金剛既重又輕，為了調伏有我慢的驕矜者，它就重，而對於無有我慢的正直者，它就輕。」說罷在那個地方對金剛做加持，然後將其放在地上，結果大地出現六種震動。隨後，密主對未生怨王說：「你從地上拿起這個金剛。」

未生怨王本具有單手可擎起大象的力量，可是他使出最大力氣，那個金剛也紋絲不動。他感到驚奇不已，請帝釋天去拿，結果也無法動搖。帝釋天好奇地請問佛陀：「我連淨心非天王那七百由旬的戰車，都能（一手）持執，為何竟然無法動搖這個金剛？」

佛告言：「這個金剛的重量，連須彌山也無法與之比擬。金

剛手若以此金剛擊中具金剛自性的鐵圍山，鐵圍山會（被擊得粉碎，）猶如一把揚散的糠秕。」

帝釋天請目犍連去拿金剛。目犍連握住那個金剛，結果大地出現六種震動，水浪沖天，攪動了所有大海，可是也沒能動搖那個金剛。他十分驚訝，請問世尊：「以我的神變，能將四大海水放於掌中；能轉動整個大千世界，就像有人用十指尖翻動一個銀幣那樣容易；能把日月拿來，（不讓其運行）；能用單手舉起須彌山王，將其拋到梵天世界；我連歡喜龍王、近喜龍王也能調伏；還到過具光世界，對須彌山的界性一清二楚，但卻無法動搖這個小小金剛，難道我的神變已經退失了嗎？」

佛告言：「你的神變並沒有退失。但是菩薩的這種加持，所有聲聞、緣覺都無法動搖，更何況其餘眾生了？你能動搖盡恆河沙數佛剎中的所有須彌山王，卻無法在這裡動搖這個金剛。」

目犍連白佛：「持有這個金剛的密主，真乃稀有大神力。金剛手的力量，是父母所生還是神變力所致呢？」

佛告言：「目犍連，由父母所生的力量，無論如何都只是名稱。而菩薩的神變力，我若無餘宣說，恐怕會令天人在內的世間眾生皆生迷惑。」

之後，世尊對金剛手說：「拿起金剛吧。」

密主（以神力）震動世界，用左手拿起那個金剛，拋到上空旋繞七匝，然後接置於右手。在場的所有眷屬感到稀奇，請教金

剛手這種緣起、力量、發願及獲得此種神力的因。

● 該動硬的時候一定不能手軟

《克勝三界分別大王經》中記載：

世尊在須彌山頂時，於金剛、寶珠頂層樓閣中，與菩薩、天、龍、夜叉等眾多眷屬一起安住。大菩薩金剛手從天而降，頂禮佛足，轉繞三匝，如是啟稟：「世尊，我想教授大天等野蠻眾生受持誓言，請世尊賜我言教。」

聽此話語，法王如來告言：「夜叉極度瞋恨你，自滿、殘暴。你為利益一切有情而說如是咒語。」

金剛手稟佛：「世尊，我要調伏野蠻者，因為我想以自己所擁有的所欲安樂等來調伏他們，將其安置於無上安樂中，以說法來淨化他們的野性，令其寂靜。」

世尊對金剛手賜言「善哉、善哉」，並說：「為了一切世間的利益與安樂，你當誦心咒。」

隨後，金剛手告訴對佛教有信心的人天眾生：「諸位朋友，當皈依佛陀，也請隨護我教。」

金剛手在世尊足下禮拜之後，僅僅念誦克勝三界的心咒，就使整個三界大幅動搖，天等一切眾生膽戰心驚、瑟瑟發抖來到世尊跟前，包括鐵圍山、大鐵圍山等在內的四大洲一切世界充滿了一切有情。

世尊令金剛手關照所有眷屬。金剛手告訴大眾：「立誓皈依佛陀等，也請隨護我教。」

在場的諸大眷屬，都害怕金剛手而膽戰心驚、瑟瑟發抖地皈依出有壞如來。

隨後，大天、大力天神及梵天請問佛陀出有壞：「世尊，如此給眾生顯示神變、顯大感應、改造我等的，到底是誰？」

世尊為宣說此義而說偈頌：「為利諸有情，諸佛予加持，一切普賢主，此生諸佛陀，夜叉金剛手，自在化凶神，持誦其名號，亦可得成佛。」

金剛手說：「奇哉奇哉，諸天神，請依我言教皈依佛陀，否則，我以這柄熾燃的金剛將你們徹底焚毀。」

大天等眾天神連聲說：「你是夜叉，我們是天神，我們不能護持夜叉的言教。」

金剛手聽罷示現大忿怒相，祈求世尊：「世尊，請授予我調化一切凶神惡煞的灌頂。假設世尊開許，我願降伏這個大天。」

世尊對大天說：「大天，承諾吧，否則他會殺了你。」

大天等三界的天王祈求道：「世尊，要依這位凶狠夜叉的言教奉行，我們辦不到。」大天在世尊足下頂禮，對金剛手說：「喂，夜叉，我是一切的大君主、造作者、摧毀者、眾生之主梵淨者、逍遙者、大自在天。」

大菩薩金剛手現忿怒相說：「你身體腐朽，造作殘酷吃人

肉的彌天大業，如此粗暴殘忍食肉的腐敗身體，怎麼會是梵淨、逍遙者、大自在呢？絕不會成為所謂的梵淨。最逍遙者，就是解脫。所謂的大自在，只是欲界之王。而一切眾生之主，那是我，所以我能夠調伏你。」

大自在天勃然大怒，禮佛尊後，顯出大畏怖的形象，發出大忿怒的狂笑，作出大怖畏的姿態，放出熊熊大火，在無邊的大千世界中造作種種身相，形成無比烈火，發出金剛、三尖矛、寶輪、獨叉戟、短橛等無與倫比的兵刃，遍顯鬼女、鬼神眾，幻化出魔眾的種種形象，與眾多凶神惡煞一起紛紛發動戰爭，令四大洲世界處於漆黑一片中，之後又到處充滿烈焰，通明一片。

出有壞金剛手，獠牙畢露，眉頭緊皺，睜大左眼，以忿怒的金剛看式，念誦克勝三界的甚深心咒「吽」。吽的聲音遍布整個世界，瓢潑大雨直降而下。

大自在天等所有天神連連說「請世尊庇護、請善逝庇護」而求皈依。金剛手僅僅念誦克勝三界的心咒，就使大天等一切天主及其眷屬在金剛手面前頭足翻倒，被放進須彌山頂的大壇城中，由金剛手以金剛左腳踩踏。

世尊對金剛手說：「善哉。你能如此調化眾生，善哉，為此當賜予已調伏者之安慰。」

於是，依靠金剛手的加持，那些天神恢復知覺。（金剛手）懾服他們立誓，以金剛名稱灌頂，把大自在名為金剛微妙明咒、

大力天神名為金剛幻、梵天名為金剛無言、童子聲名為金剛鈴、天王名為金剛刃。

　　遊於虛空、地上和地下的所有君主，都是以金剛名稱授權而令入壇城的。與此所說的情節相同，對於難以調化的三世間主及其眷屬們，金剛手通過威猛的方式予以降伏，這一點在其餘續的緣起中也有廣說。

●諸如來授權於他

　　《金剛手灌頂續》中記載：

　　金剛手菩薩摩訶薩在花基藏莊嚴世界，於毗盧遮那佛前發願自在調伏夜叉，在中間的贍部洲此娑婆世界揚柳宮，夜叉大將住在畫內地方，如來的光芒照耀，使他們變得面目圓滿，作意如來的不可思議。如來以偈頌表示金剛手菩薩來此。告知金剛手菩薩來到夜叉會眾如來前，顯示行持錦嚴等持的同類因而入定，當即他顯示毗盧遮那佛的莊嚴樓閣廣如大千世界，數百千俱胝那由他寶珠柱子等不可思議如海莊嚴點綴的神變，由夜叉大眾圍繞，雙手擎著那個樓閣騰到空中，來到種種娑羅樹勝幢莊嚴茂密林園中的釋迦佛前。人們見到那一樓閣的光芒遍及諸方，於上空六百八十萬由旬處，如熊熊烈火般耀眼奪目，好似千個太陽般光輝燦爛。在場的諸位菩薩請問釋迦佛這是怎麼回事？

　　佛告言：「普賢菩薩來此，他以往昔行為成就的同類因，使

此法的功德有著百劫也無法了悟邊際的耀眼光芒。請詢問普賢菩薩趨入大乘的『清淨門處』的法門。」

普賢菩薩坐於七棵娑羅樹高的上空，向林苑降下天花及塗香等妙雨後從上空而降，將那個樓閣供養世尊並作讚歎。隨後，從樓閣、鐃鈸、小鐃鈸中發出大乘初行的偈頌聲，當下，普賢（此段四處普賢，在藏文中原本如此，是否應為金剛手，請觀察）大菩薩向世尊呈白趨入大乘及其行為等。

世尊入定於大金剛源等持中，即刻，諸方浩瀚世界中一切如來異口同聲說大金剛音，放射大金剛璀璨光芒，念誦金剛薩埵心咒，來到種種娑羅樹勝幢莊嚴茂密林園釋迦佛前，於大金剛蓮花墊上跏趺而坐，向釋迦如來問安。隨之，所有如來與釋迦世尊念誦金剛壇城加持的咒語，入定於佛陀加持幻變等持中。在場的諸大眷屬都感到無比稀有，心生希求，一個個看著文殊童子。

文殊一心專注知曉他們倍感稀奇之後，以偈頌向釋迦世尊及那些佛陀祈求賜予諸佛子灌頂。

那些如來加持此林苑變成金剛壇城莊嚴及坐墊，從頭上頂髻中放出無礙力光，照耀眷屬壇城，入於普賢大菩薩的頂上，即刻，他極其歡喜，念誦無礙力心咒。那些如來的三昧、陀羅尼、力、菩提分支、正道、聖諦、空性、佛陀不共法、大空性邊際所做的布施、調柔、正戒、定解等六波羅蜜多所生的有色金剛加持賜予金剛手菩薩手中。當下，十方浩瀚佛土與一切世間中所有如

來、菩薩、聲聞、緣覺、天、龍、夜叉、人等均異口同聲地說：
「奇哉，這位菩薩摩訶薩是金剛手、金剛手。」

其後，那些如來加持此誓言，念誦祕密金剛心咒，結果一切剎土中都轟隆隆傳出密主的音聲。如此依靠那一心咒的威力和一切如來的加持，金剛手菩薩現量趣入所有如來的圓滿智慧。那些如來又念誦護持佛法、救護眾生的心咒大金剛陀羅尼咒，當即，一切浩瀚無垠的世界及所有佛陀的壇城中，諸如來的足前所有菩薩及聲聞、緣覺、初發心者、初學者、眾生的前後，或未眠或已眠或說法或成佛或利益有情或現行幻化之間一切面前普皆顯現頭戴冠冕相的金剛手。那些如來又念誦金剛束縛諸方的心咒，結果金剛束縛了所有野蠻眾生，念誦金剛橛心咒，隆隆傳出「大菩薩金剛手持金剛」的一音聲。又念誦金剛地下心咒，使浩瀚世界及地下的一切洞穴都隆隆傳出此金剛手是地下金剛的聲音。念誦制伏持明咒的心咒，持明者的一切處都傳出如此名號。如是念誦制伏夜叉的金剛咒等，結果整個世界各處都轟隆隆傳出「夜叉金剛、龍金剛、尋香金剛、大鵬王金剛、人非人金剛、大腹金剛、羅剎金剛、空行母金剛、厲鬼金剛、食肉金剛、食肉母金剛、羅剎母金剛、威伏金剛」的名聲。同樣，念誦蔽影大怖的心咒，一切世間傳出滅盡一切相續之金剛。念誦無礙力金剛的心咒，浩瀚剎土的一切地方，都不斷隆隆傳出「此大菩薩金剛手是大金剛轉輪王」的音聲。那些如來念誦大金剛轉輪王的心咒，並且將此等

所有大金剛的心咒都賜予金剛手。萬丈光網的彩雲，照耀著此苑林及附近的地方，依靠加持力加持金剛手後於法界壇城中變成法界的自性而消失不見了。

●顯露威嚴

當時，釋迦佛告言金剛手：「善男子，一切如來轉輪金剛大壇城，以手持金剛灌頂賜你灌頂。將數百千俱胝那由他等持所做的金剛賜予你，以轉輪大王的金剛加持你，將一切金剛心咒傳給你，一切如來開許你行持、守護一切教義，圓滿你往昔的大願。善男子，請決定顯示自己的神變，講說金剛灌頂大壇城。」

金剛手呈白世尊：「遵照法王言教奉行。世尊，我獲得了最上稀有，我獲得了尊勝妙法，是世尊慈悲於我。」隨後，金剛手入定於金剛大積稱心咒等持中，使世界極度震動、搖晃，遍布大光明，止息了一切黑暗之處及三惡趣的痛苦。金剛手的一切汗毛中出現忿怒王，發出「吽」的吼聲，手持金剛、面露怒容，以這個世間界同一音聲令眾生聽懂，降伏所有殘暴的妖魔鬼怪，說出自己的心咒，在所有世界中，轟隆隆傳出「奇哉，大菩薩是威猛金剛手」的音聲。隨後，金剛手入定於金剛焰等諸多三摩地門中，震動一切世界。他的雙目以威猛金剛看式；所有汗毛孔及支節中有忿怒金剛眾；頂髻中，克勝三世間具足十個大千世界量的身體，如同劫末火一般；額中有數百千手臂的月明點忿怒尊。此

外，棍棒金剛、大力金剛、邁步金剛、金剛鏈、金剛頂，一一都有數以萬計的侍從眷屬，也顯現金剛拳，並宣說他們的心咒。另外，雙手中有妙臂童子部，口中有金剛童子部等。金剛手之子忿怒童子，手持金剛，勤利有情，在不同世界現前成佛，生起力等功德身，能滿足一切眾生的心願，相合金剛手之心的眾多形象也散射出來，宣說他們的咒語。金剛手入定於將降伏的眾生焚成灰的三摩地中，念誦心咒，結果見到所有山川連同大海燃燒乾涸。所有在場者除了住十地的菩薩以外，都面朝下倒在金剛壇城上，從金剛手的心間出現怖畏烈火焰忿怒明王，發出大笑，收攝所有眷屬的心，變成與虛空等同，入於金剛手心壇城中。金剛手又安住於大悲壇城中，當時依靠與所有如來等性的安住法而安住。一切如來都讚歎金剛手「善哉」。

● 灌頂洗禮，獲得新生

隨後，文殊童子得知所有眷屬都倒在金剛壇城中，生起大悲，雙目眺望，對金剛手說：「善男子，稍稍恩准此等眷屬趨入誓言門，他們有獲得生命的希望，供養各自的密咒。」

金剛手特意以偈頌宣說，與殊勝金剛力的陀羅尼一起將那把金剛給予文殊童子。對文殊的那些眷屬說：「諸善男子，當憶念明咒王不敗金剛火能令人極度愚昧，這將利樂汝等，獲得生命。」

依靠金剛手念誦大明咒及文殊的加持，那些眷屬站立起來，心生歡喜，生起無比信心。梵天、大自在天、遍入天、帝釋天、四大天王及天、龍、夜叉、乾達婆等三世間所有的大力大威尊主，連同各自心咒、修行儀軌供養金剛手，金剛手也宣布金剛誓言。

此後，文殊童子入定於放射金剛大智慧光芒三摩地中，從金剛手那裡取來金剛，把金剛放在智慧所生的無垢青蓮花上。當即，一切浩瀚世界，所有佛陀壇城中接連不斷隆隆傳出「奇哉，此文殊童子是勝施金剛」的音聲。十方世界中安住的一切佛陀在安住的同時舒展右手為文殊童子摸頂，一邊說「善哉」勸請。

文殊分析宣說依靠所有心咒成就悉地的次第後，又說此語：「寂慧，所有如來的心咒堅固功德及威力無有邊際。寂慧，金剛手調伏了如來的畏怖火所生之金剛沒有調伏的眾生，能圓滿所有如來菩薩的願力，發願上至護持佛教，下至如實滿足一切有情的心願，在一切浩如煙海無邊世界，趨入所有如來願力之門，悉皆先行。」

隨後，從浩瀚無邊的十方剎土，所有如來伸展右手為金剛手摸頂，勸請宣說咒語及壇城之密。

他如是講說，為文殊宣說大智慧灌頂的陀羅尼咒，當即，文殊童子證悟了九十九俱胝智慧決定生的大智慧金剛。諸位如來的壇城中出現供雲，「依靠大智慧灌頂為文殊灌頂」的聲音轟隆

隆傳遍整個大千世界。依其威力，文殊見到十個佛剎極微塵數的如來色身入於大青蓮花內。當即，憑藉證悟法身的威神力，文殊的所有汗毛孔、冠冕、裝飾及所有肢體都同現如來的身相安住，所有住十地心得自在的大菩薩，尚且也無法證悟其一個汗毛孔的量，更何況聲聞、緣覺和其餘世間人了？文殊童子目視著金剛手，特意宣說此理。

● 他是名副其實的大勢至

《勝覺大續》中記載：

鬼神主，何者向九十二恆河沙數的十萬倍如來作禮，也比不上有人意禮大明王之最──金剛手所生的福德多。

無垢悟菩薩請問世尊：「世尊，這位金剛手獲得授予大明王、大持明咒主有多久了？以什麼等持安住？此前的善知識是誰？以什麼安住法而住？」

世尊告言：往昔過去十九恆河沙數劫之前的難化大劫中，大智燈光如來出世，當時，這個娑婆世界名為金剛世界。那位如來講說了能為六十百千俱胝那由他菩薩遣除黑暗的普明密法，為宣說金剛持部浩瀚無量世界匯集的無量無邊世界的微塵數無量等持、陀羅尼咒而微笑。爾後，大金剛持，大金剛之尊名無邊世界自在王，於當場的眷屬中從座而起，頂禮佛足，又復站立，從浩瀚廣大頂點之下方轉變大手印，取來金剛，真實激起十方無邊如

海世界的十大海，又以國王傲然駕馭而收攝大海的我慢，轉動金剛，以劫末火的雙目，轉變摧破燦然光芒壇城下方的手印，將那個金剛放在如來足前，頂禮其雙足，請問如來：「您為何對眷屬微笑，面門和眉間白毫放射種種前所未有的彩光？經此眷屬勸請，我請教世尊，祈求慈悲講說。」

當時，世尊妙相吉祥旋結中具有如藍寶石光、琉璃光、如意寶、星辰般的深藍光，出現普照大光明壇城十方浩瀚無邊世界的光芒火焰，從散射無垢光明壇城中用左手取來金剛，從中出現密主金剛手大明王。他由鐵鉤手幟中出現鐵鉤母，由魚中出現欲樂金剛母，由吉祥中出現金剛鏈母，由熊熊火焰般最美妙的「萬」字中出現口焰母，由鵝頸瓶中出現色母，由傘中出現猛幢母，由金剛中出現歡喜母，如是出現了帶有女伴眷屬的七位大明妃。她們的前面有威猛的忿怒相大力尊，劫末寶珠般的忿怒革樂革樂由金剛拳中出現。前臂中出現拳，雄壯的肩膀中出現金剛天鐵，如是有攜帶眷屬的十位女伴。如此類推到二百四十。金剛手偕同侍從及女伴眷屬，在大誓言壇城中，請求大智燈光如來賜予如來的加持。彼如來入定於無垢等持中，首先為了宣說如來身語意的十密、具足俱胝頻波羅俱胝無量祕密的經藏王，集於具誓言之壇城中，調化難化，以一切智而解說。

在此之前，金剛手於大智燈光等九十九俱胝如來身邊降魔後護持一切佛法。繼大智燈光如來之後，又於九十六劫中，在這個

娑婆世界圓滿佛陀見義出世，他的教法中出現一個名叫不語的惡魔，被金剛手擊敗。其後，又於八十位見義如來、九十一俱胝佛陀教法中降魔護教。過了九十六劫之後，金光遊戲佛出世，（金剛手）在六十八俱胝劫中降魔護教。其後，過了千劫，這位金剛手依舊受持那些如來的祕密，護持佛教。後來在寶髻佛、毗婆屍佛、毗舍浮佛、迦那迦牟尼佛、除迷信佛、不動佛、迦葉佛等以及我的教法中，金剛手也調伏未調伏者，受持祕密。他在賢劫之中，於這個娑婆世界行持佛陀的事業，賢劫的所有佛陀前，如此依靠此方便顯示，行事後現前成佛，佛號金剛妙力行。

金剛手又呈白：「世尊，聽聞我名者，於天界在內、梵天、魔、沙門、婆羅門的眾生世間中不見有仇恨心。」

世尊告言：「諸位朋友，何人如是意禮金剛手菩薩摩訶薩，相當於頂禮九千如來。」

金剛手說：「任何魔聞我名而不逃，當以威猛金剛劈其頭。」

世尊告言威猛金剛手：「如果聽聞你的八種名號及密宗眷屬，則將清淨所造五無間罪，得見金剛手，一切魔障、八十四百千俱胝那由他邪師將逃往十方。如若對此聽聞，不行梵淨也行梵淨，不能安忍也能安忍，不能斷食也能斷食，非沙門也將具有沙門果，諸佛菩薩護佑於彼，賜予一切事業悉地。如是你乃具象耳，你是具妙飾，你是威儡，你是功德寶源，你是真諦

雲，你是具妙色莊嚴，你是具焰，你是妙色。任何智者若聽到你名號，則於七百千俱胝那由他劫之間不會轉生有情地獄，命終之時，諸佛菩薩住於其前說法，將往生到兜率內院，與諸菩薩一起安住。」

金剛手呈白：「持誦這八種名號而讚歎，金剛手與眾本尊從兜率天賜予悉地，不出魔障，不做惡夢。」並詳細宣說了諸如此類的功德利益。

● 讓魔都成菩薩了

《金剛大須彌頂樓陀羅尼》中記載：

世尊於金剛須彌頂樓，與眾多大菩薩、大聲聞、天、人等諸眷屬一起，白毫間放大光明，照亮恆河沙數剎土，震懾一切魔處，可怖的惡魔大軍鋪遍八萬四千由旬進攻世尊，結果所有兵器均變成花雨，一切聲音變成佛音，諸如此類，魔王波旬被五條鎖鏈束縛，趺在經堂。

世尊以慈悲心告言金剛手：「密主金剛手，將此波旬從經堂喚起，置於坐墊上。金剛大解脫門三摩地的神變加持不可思議，能摧毀惡魔壇城，能讓諸魔及其餘殘暴眾生皈依三寶。」

金剛手向世尊合掌，以如實的偈頌讚歎，處於珍寶蓮蕊中入定於三摩地，使這個世界出現六種震動，身體的所有分支及細分支起現熾燃的金剛，變成一大火舌的熾燃金剛光芒，照亮了十

方無量無數世界現今住世的一切佛陀出有壞的所在地，所有那些佛陀宣講了此中原因，菩薩大眾也來到此剎土。十方剎土的無量無數佛陀舒展吉祥相莊嚴的金色右手，為金剛手摸頂，同時妙語吼聲遍及一切世界：「善男子，為制伏一切魔王波旬及對如來教瞋恚的野蠻眾，為初學菩薩發起心力，為利益一切有情入此三摩地，善哉。」

世尊告言金剛手：「請將波旬從此束縛中釋放，讓他皈依三寶，此外不信佛教者將信佛教。」

金剛手依佛言教，入定於能摧毀一切魔壇城的金剛大解脫門三摩地，即刻世界出現六種震動，他的身體也變成燃燒熊熊烈火、極其可怖的忿怒身相，周身的支節中也出現種種忿怒尊雲聚，一切邪魔鬼神被焚燒等痛苦不堪，魔王波旬、魔障、邪魔如同狂風吹動的樹一般發抖，欲哭不能，就像圖畫一樣紋絲不動。

金剛手的雙足中出現兩個威猛怒尊，轉繞如來數十萬遍後，問金剛手：「有何吩咐？」

密主一言不發，從額間出現忿怒大威德相，所有肢體以熾燃的金剛光芒照遍整個大千世界，摧毀其餘威光，映蔽日月星辰寶珠等的光芒，除了如來及諸十地大菩薩的光芒以外，其餘所有光都黯然失色。他無數次轉繞如來，對金剛手說：「善男子，有何吩咐？」

其後，金剛手對那些怒尊說：「請讓魔王波旬及不信仰佛教

的所有魔眾皈依三寶，遵守誓言。」

那些怒尊同時以獅吼聲念誦遍滿諸世間之密咒，世界出現六種震動，所有方隅降下金剛大隕石短橛，出現天崩地裂的聲音，大地的裂隙中水流上湧，有如壞劫之水一般，遍布整個大地，地下的龍族、諸天、非天出現在上方，一切厲鬼、魔障、邪魔的身體及所有魔境被一團熊熊火焰所燒，天宮等一切光芒化為烏有。眼看著魔類的頭被金剛怒尊用金剛摧毀，處於極度的苦受中極其悲慘、恐懼、驚怖，魔王波旬頂禮釋迦如來及密主，誠心地說：「祈求救護，我乃至菩提果之間皈依三寶。為了利益一切眾生，我發無上菩提心。」

所有眷屬驚奇不已，讚歎佛陀及密主並散花。魔王波旬也無比歡喜，依靠自己的威力，出現了絕妙莊嚴的珍寶無量宮殿，為了供養善知識密主而獻上如實偈頌以作讚歎。

如此按照密主吩咐，那些怒尊，使天、龍、夜叉等所有殘暴眾生立誓。隨後，金剛手從那一等持中起定。

舍利子問金剛手此等持的名稱。

金剛手說：「這個等持並不是以名稱、文字、言語所能領悟的，所謂名、色等等持的法一無所有。」如是從真實深義著手宣說了諸法門。

釋迦如來及十方世界中的一切如來，右手放在金剛手頭上為他摸頂，讚歎「善哉」。

金剛手菩薩由解說此法門，使完全超過無量無數恆河沙極微塵數的天子對一切法生起了無塵離垢法眼，比丘、比丘尼等及天等芸芸眾生獲得無生法忍，較此更多的眾生生起不退圓滿菩提心，這個世界及其餘無數無量不可言說又不可言說的其餘佛剎都出現六種震動，天神及菩薩依靠威力供養金剛手的種種如海供雲充滿虛空，梵天、自在天、遍入天等一切世間尊主頂禮世尊而發下誓願。

《吉祥智明點續王》中云：「怙主金剛手，遍主持金剛，無邊世間界，乃為生滅因。彼本無所生，自生勝自在，其手之金剛，無生十二智。初起五方中，出現五如來，最終五大種，中央現六道。為護諸見解，行持種種相，有現持金剛，有現佛陀身，有前黑日嘎，有前顯如來，有現菩薩相，有現聞法相，有講歡喜蓮，有以諷誦住，有造續及論，有者則受持，何須更繁敘，尊勝金剛手。」

具德金剛手傳第三品終

彌勒菩薩傳

頂禮、供養、皈依怙主彌勒菩薩摩訶薩！

●菩提之道也有捷徑可走

《佛說大乘趨入慈氏經》中記載：

彌勒菩薩摩訶薩，久遠以來行持梵行，承事先佛，增上善根，具有甚深法忍，正入慈心過八萬四千劫，釋迦佛才發菩提心。

過去無數不可思議劫之前，有妙金光佛出世，他的美妙金光恆時照耀世界。這位彌勒菩薩當時成為四洲自在轉輪聖王，名叫金色。他於八十四俱胝年間，以一切供品供養妙金光佛及諸大菩薩僧眾。梵天、帝釋、四大天王也作侍奉。金色王以八十由旬、具足無量珍寶莊嚴的精舍以及異常精美不可思議的供品作供養。最終，金色王心想：「我所做的這一善根，是為了獲得帝釋、梵天還是轉輪王而迴向呢？」妙金光佛知道他的分別念後，在他前方的虛空中化現出與自己相同的如來，以偈頌說道：「梵等無恆堅，莫求下劣處，無量諸功德，利生發覺心。」

金色王以此發了無上菩提心。之後他請問佛陀：「請佛指示如何才能不經布施頭顱、手足等多劫痛苦而唯由安樂乘輕易獲得甘露大菩提之道？」

佛陀對國王說：「依靠菩提心能增長無量福德，依止不捨學處、慈心、誓言等的不放逸等……」如是宣講了不經施身等苦行而由安樂乘成佛的學處。

國王出家後在萬年之間行梵淨行，修行神通，多聞臻至究竟，並成就了慈心等持。依靠這種善根和殊勝增上意樂，（他多世）成為轉輪王，令二萬佛陀歡喜，在他們面前出家。

● 智者說到做到，誓願如石上刻字

以往過去無數無量劫之前，在寶傘如來的教法中，這位彌勒菩薩成為比丘，名為堅慧。他為了乞食而遊走村落，當時心想：「在沒有使滿一百數的眾生受持五戒之前，我不進餐。」隨後他出遊，時而有一天使一百眾生受五戒的情況，時而要兩天到七天之間才圓滿誓言。如此一來，他於七天中不進飲食，但由於對一切眾生悲憫而心不厭煩，第八天才進食。在八萬四千年期間，他以不厭其煩之心，於村落、城市等，使那些眾生受持五戒。當那麼多年結束後，他又使三百六十萬俱胝那由他男女老幼受持五戒。

隨後他想：「我已經讓這些眾生受了五戒，現在該令他們趨

入無上圓滿菩提。」於是在他們跟前，於四萬二千年期間讚說三寶與大乘，結果那些眾生中有三十俱胝趨入了圓滿菩提，剩餘的則為聲聞緣覺而發心。

後來，他又想：「為令對三乘有信解的這些眾生不放逸，要宣說入此等持。」其後他在二萬一千年間，為那三百六十萬俱胝那由他眾生傳授緣等持的教言，讓他們盡可能修持慈心等持，並如是教授與隨教──堅慧比丘行於村落的過程中，入定於慈心等持中而行走。他的腳立在門檻上時，心安住於慈心中，使他們也如實入於慈心等持中。

目睹了比丘慈心等持的如此神變後，諸位地上天神到處傳揚：「奇哉奇哉，這位菩薩摩訶薩真成了慈氏，當行走村落時，所有眾生都入定於慈等持中。」這種聲音依次從空中的天界到淨居天之間輾轉流布。

寶傘如來也隨喜他的名字並授記說：「這位堅慧，於此逝去後，生生世世成為慈氏菩薩摩訶薩，受到傳揚。獲得菩提時，佛號也是慈氏，在彼世界，聲聞僧眾不可估量，具足珍寶莊嚴的一切佛土安樂，於聚集的所有眾生之中，成為彌勒如來。僅僅聽到彌勒菩薩摩訶薩名號者，尚且善得最勝之得，更何況肉眼親見彼而心生歡喜了？」

●受持八關齋戒等，可以轉生清淨佛土

《彌勒菩薩受生兜率天經》[44]中記載：

遍知如來於此眾眷屬中，授記大菩薩彌勒證得圓滿菩提：「自此過十二年後，他壽終會往生兜率天。兜率天諸天子為供養此一來菩薩，拿出自己的頂飾等裝飾品而發願，由天福力出現絕妙莊嚴美化的無量宮。兜率天的殊勝福德，就算如來住世一小劫講說，也說之不盡。何人若想前往彼天界承侍彌勒菩薩，應受持五戒或八關齋戒，勤行十善，欲求（兜率天的）圓滿快樂。（做如是觀者）名為正見，其餘見解稱為邪見。

「在如此擁有圓滿安樂之地，這位大士彌勒，自此再過十二年，於春月十五日，在繞訥札巴樂城，於出生地——大婆羅門巴巴樂家，身結跏趺入定於等持中，其法體舍利宛若純金像如如不動。之後他於兜率天七寶宮殿獅子座蓮花上結跏趺坐化生，身體宛如贍洲純金般。他身長十六由旬，相好圓滿莊嚴，珍寶天冠中化現出無量如來及菩薩眷屬，又有其餘剎土的諸大菩薩，顯示十八種神變並安住（天冠中）。

「彌勒從眉間放出白毫相光，其光具有成百種珍寶色，（三十二相的一一）相（一一）好也流出奪目的光彩。他與許多天子（各坐花座上），晝夜恆常享用不退轉法輪，最終宣說《慈

---

44 《彌勒菩薩受生兜率天經》所摘內容，在漢文大藏經《佛說觀彌勒菩薩上生兜率天經（卷1）》中有。

氏受生贍部洲經》。

「釋迦王世尊滅度後，若有四眾眷屬守戒律、供佛塔、誦經典、造佛像、持誦彌勒名號，如是等人命終於兜率天中化生，面見彌勒，聽聞正法，次第於賢劫諸佛前獲得授記。若有人聽到勒彌菩薩摩訶薩名號，歡喜恭敬頂禮膜拜，此人命終之後，不墮黑暗處，不轉邊地，不成執邪見、行不善者，生生世世投生為正直、見解、眷屬圓滿、不謗三寶者。何人破戒、造不善業，若持誦彌勒菩薩名號，對其頂禮，一心專注懺悔，將迅速清淨一切罪業。若有人造其形像供養、持誦名號，命終之時，彌勒從眉間白毫放射光芒，眾天子降撒曼陀羅花雨，迎接此人，此人剎那須臾間即得往生兜率天，面見彌勒，聽聞正法，獲得無上菩提道，未來也將面見恆河沙數佛陀。

「未來時，某位眾生若皈依彌勒，將於無上道得不退轉，於彌勒成佛時，現見彌勒如來的光芒而得授記。佛陀滅度之後，四眾眷屬、天、龍、夜叉等，何者若想往生兜率天，當如是觀，作意兜率天，受如來戒，或一日，乃至或七日，作意十善，以行持十善道的福德為轉生彌勒菩薩前而迴向、發願，此等之人將現見天子、見到蓮花。若有人僅一剎那持誦彌勒名號，將解脫二萬劫生死之罪；聽到彌勒而合掌之人，解脫五百劫生死之罪；恭敬頂禮彌勒者，解脫百俱胝劫生死之罪。假設不貪天界，也會於未來龍華菩提樹下（值遇彌勒），為求菩提道而發無上心。」

《佛說首楞嚴三昧經》中記載：

佛言：「彌勒，你當為勝慧菩薩示現首楞嚴三昧的行境。」

勝慧菩薩及諸眷屬，見此大千世界瞻部洲中，到處都是彌勒在他們前顯現：或住於天界，或住在人間，或在家，或出家，或如阿難一樣承侍如來，或如舍利子般智慧高超，或如目犍連一樣神通廣大⋯⋯諸如此類，如一切諸大聲聞般顯現各種身相，在世間中具彼彼想而入於村落乞食、說法、坐禪。眾人見此深感稀有[45]。

● 知此知彼，推薦賢能

《聖寶積部・彌勒獅吼聲》[46]中記載：

世尊問大迦葉尊者：「你歡喜於未來後五百歲時護持正法否？」

大迦葉稟佛：「我寧願將四洲世界的村落、城市、山岩、大海及林園頂戴在肩上或頭上，滿於一劫或超過一劫，也不願在非正士處聽聞（其不信之音）；我寧願於一劫或超過一劫以柏樹或一粒芝麻維生，寧願於大千世界劫末大火熊熊燃燒之中以四威儀安住俱胝年，也不願於未來時在非正士邪見者前聽聞（其破戒之音）；我寧願忍受、承擔一切有情的瞋恨、謾罵、詆毀、毆打

---

45 此段內容在漢文大藏經《佛說首楞嚴三昧經（卷2）》中有。
46 《聖寶積部・彌勒獅吼聲》所摘內容，在漢文大藏經《寶積經（卷88）》中有。

等，也不願在盜法者、偽裝修行的那些愚人前聽聞（其毀禁之聲）。我只具足相似的行為及智慧，因此無力荷負如此重任，唯有菩薩，才能勝任此等重任。

「世尊，譬如老態龍鍾之人罹患疾病，身邊無有子女、侍從，如果有人託付他珍寶也是浪費。同樣，聲聞具有相似的智慧和行為，無有助伴，若對其傳授妙法寶藏，也不能令法久住。

「又如無病之人壽命數十萬歲，韶華尤在，眷屬功德圓滿，若有人對他託付寶藏而自己前往他境，返回之時，寶藏也能被如數歸還。同樣，若對菩薩傳授法藏，數十萬俱胝劫也不唐捐，並能利益芸芸眾生，使三寶種姓延續不斷。因此，應對這位彌勒菩薩託付正法。」

世尊對大迦葉賜言「善哉」，並將由無數劫善根所成就的金色右手放在彌勒頭上，如是說道：「彌勒，你於未來後五百歲正法隱沒之際，當歡喜護持、受持妙法，使之長久住世，令三寶種姓不斷。」

佛（伸手對彌勒）摸頂時，整個世界震動三次，遍布大光明，上至色究竟天。諸位天人合掌（對彌勒）說：「願您歡喜利益芸芸眾生。」

● **敢於荷擔如來家業**

彌勒從座而起，頂禮世尊，如此回稟：「世尊，哪怕為了利

益一個有情，於未來際流轉輪迴我也歡喜，更何況為受持妙法、為護持如來無數劫成就的無上菩提了？」彌勒（說是語時）右膝著地，即刻大千世界出現六種震動。

彌勒呈白：「世尊，我不與誰競爭，無有傲慢。為什麼？受持妙法，是正事業，菩薩之此任，聲聞、緣覺不能承擔。」

世尊對彌勒說：「善哉，善哉，於我前你能為受持正法傳出此獅吼聲，如是於十方恆河沙數佛陀前，諸位菩薩也能傳出獅吼聲，受持正法。」

彌勒呈白：「世尊，請宣說（未來世）愚痴之人自稱菩薩、自詡比丘，為利養恭敬而生諸過失之事，以此令他者防非止惡，並且生起『如來知曉我所為』的清淨心。」

佛陀告言：「未來後五百歲之際，有人自求罪業，自稱菩薩（而行狗法），以利、敬、誑、悲慘生計而維生的四因自詡菩薩，如狗般流浪（至施主家，見後狗）紛紛出現（而心生嗔嫉，內心認為『這是我家』。）如狗般將施主執為我所，嗔恨他人，發起爭鬥，口出粗語、惡語。為謀求衣食，僅以詞句讚歎佛陀菩薩、波羅蜜多、四攝事等，自己卻不行持。前往俗家，不是為在家人起信而是為自我利養，見別人得利養不喜，見別人不得利養而隨喜，如此完全不符令他安樂、慈悲為本的菩薩之道。這些人不修身、不修心、不修戒、不修慧，為財利前往俗家，非為法利而前往，談論世俗之語，不護三門，認為造作墮罪只要懺悔就

能清淨，於此不加防範。如是主要為獲財而非為行法，是極大罪業。

「此外，未來時，不調柔比丘欲以畫佛像維生，捨棄比丘應行之事——禪修及聞思，而精勤於在家人所行畫佛像、供養之舉，瑣事繁多，賴此維生。若有善男子或善女人以七寶造佛像，認真擦拭，所造佛像高如須彌，如是佛像多如甘蔗林、蘆草園、果樹、芝麻樹般充滿恆河沙數佛剎，而另有菩薩了知佛身本空的法相而於此證悟，那麼即使彈指間堪受此甚深證悟，所生福德也遠勝前者。尤其若安住戒蘊，受持一四句偈，證悟其義，並為乃至一個眾生宣講，所生福德也較前更多。何人恆河沙，世界滿至寶，勝喜心供養，賜偈一眾生，施寶極廣大，悲成施偈頌，不及不可數，二三豈可思？

「彌勒，如來右手有光，名為一切福德成就之等流莊嚴，如來若想，能以此光掩映整個大千世界，令一切眾生獲得一切安樂資具。（此光可）布施衣食珍寶等一切所需，卻不能令有情從無始無終的輪迴苦海惡浪中解脫。因此，我不布施眾生世間安樂資具，只賜予出世間安樂，通過真實宣說法寶，令聽聞者永遠消除一切痛苦。彌勒，是故你應隨學我（無上法施），切莫貪財而要重法。

「彌勒，如是菩薩自度而度他，發願攝受一切有情，令其解脫、令其安隱、令其涅槃。我觀一切世界，包括天上地上的眾

生，不見一人能像菩薩一樣荷負如來所有事業、重任。譬如有人將大千世界的高山、大海、森林放於頭頂或肩上，十萬劫中如此背負而不休息，這是極大的負荷，彼人雖具大力、大歡喜，然而與之相比，將眾生安置於涅槃安樂，此任更重、更令人歡喜、更具大力。若有人具備彈指間就能成辦大千世界一切有情所有事的大力，也比不上口中言說『救度一切有情脫離輪迴痛苦』並付諸實行的力量。

「譬如一位施主獨有一愛子，國王說：『施主，你由此去十萬由旬以外的某某村落，為某個目的要去七天，再返回我跟前，若能如此，我可以把你的妻兒、眷屬及財物還給你，並將國政的一半賜予你。假設你從那個村落取回某物，但七天七夜沒有返回，那麼不僅得不到一絲一毫，而且你的妻兒、眷屬將被殺掉作為懲罰。』於是那位施主具足神力飛快而行，在沒有辦成事情之前不會生起散亂、進餐、昏沉、睡眠之心，（但即便）具有這樣的大精進，也比不上菩薩大精進的百千分之一。為什麼？菩薩為使持續被追逐的一切眾生斬斷這種相續，安置於無有動搖的涅槃法界，就像力大無窮之人為了制止四洋所有的水入於大海的水流而令其降到無熱惱海中，與這種難度和奇跡相比，菩薩以大悲為正等菩提發心策勵而行，更為難能、更為稀有；與之相比，通達三寶與業果決定存在，更為難能、更為稀有。如是類推，與為遣除生起三毒之心相比，全然捨棄親友受用，為出家而從家中邁出

七步更為難能、更為稀有；與之相比，身披袈裟，信奉善說之正法而出家，更為難能、更為稀有；與之相比，勤奮修學教言及學處更為難能、更為稀有；與之相比，不喜憒鬧，希求寂靜而邁七步更為難能、更為稀有；與之相比，信受諸法空性更為難能、更為稀有；與之相比，於深法獲得相應法忍更為難能、更為稀有；與之相比，現前三解脫門而證得預流果乃至阿羅漢更為難能、更為稀有，為什麼？對聖者法起信，獲得比丘法，得果極難之故。

「為此，出家後不應捨棄菩薩之事而行凡愚之事，要斬除慳吝心等，具足菩薩二十事及四誓願而如毒般捨棄違越學處。不報恩、諂曲、妄語、違越學處是阻礙一切智的四法，當遠離利養恭敬、惡友、憒鬧之處。尤其是，當逃離以瞋心爭論之地百由旬，切莫生起瞋心。（若有菩薩，）謾罵、毆打、刃擊大千世界的一切有情，也比不上對其餘菩薩生起一念瞋心罪過嚴重，此將玷汙、失毀菩薩，如同以鐵能斷鐵而以土塊等不能斷鐵一樣，菩薩的善根，以瞋恨另一菩薩能滅盡而以他法不能滅盡。因此，彼此要心懷恭敬、愛戴，對初發心的菩薩也要生本師想。」

●鏗鏘有力的教言，行人應為之震撼

大菩薩彌勒如此呈白：「世尊，我對一切有情尚且心懷恭敬、愛戴，更何況對所有菩薩了？為什麼？我不喜瞋心而圓滿安忍；不依諂曲而圓滿殊勝意樂；不貪在家，不執我所，不貴財

物而重正法；不求衣食而尋傳家法寶；遠離嫉妒、慳吝之縛而歡喜他人圓滿，施捨圓滿；不唯求沙門之名而修學沙門功德；不勤空談而行實修；不貪執利養恭敬而瑣事鮮少，求佛功德；不以染心入村落而以作意一切智之心入村落；不為法衣、化緣而詐現威儀，無有諂曲行，以四聖種知足；不學凡夫行而學佛陀行；於他過失不加分別，自心精進隨於寂靜調柔之行；不談墮罪而禁護語業；遠離破戒而修學別解脫；不依讚歎佛法僧而自我維生，讚說三寶令眾歡喜並依止修行；不為他見而詐現威儀流淚，以正法自然流淚；不住種種所行憒鬧染汙之處，而精進尋求正法；不喜世間所為而歡喜尋求出世間正法；不積蓄食物，無有詐現威儀而行；不執著一處一境而如野獸般雲遊；不勤隨行化緣而勤尋佛陀功德；不以昏睡躺臥，上夜下夜不眠而精進；不以憒鬧勤行而喜愛寂靜；不以少分功德知足而尋求功德不厭足；不行狗法而行獅子所吼之法；不作暫時親友而作極其穩重之親友；不行不報恩德而極其感恩報恩；不以布施之回報作親友，而以殊勝意樂作親友；不偽裝殊勝意樂而做到殊勝意樂穩固；不信受下劣法，當求成就廣大佛身；無不恭敬如來及學處而恭敬如來及學處；心語不行挑撥離間之兩舌而如實言說；不作詐現威儀之菩薩而精進隨行圓滿殊勝意樂、寂靜調柔行；不生慢中慢而如低賤種姓之子必摧我慢；不以貪心享用齋食而以清淨戒律於施授作沉重想；不以非理作意為先於正午躺臥昏睡而為修行佛法精進行持；離於人我見

而住空性；離於分別妄念迷亂言說而住無相；身體不作詐現威儀而使身語意業際清淨；不以財染之心相續說法而以無染之心說法；不以財利作為親友而以法施作為親友；不令自他憂惱而為利自他修行；住於寺院、化緣、屍林不作詐現威儀而真實受持十二頭陀功德，也不求利養恭敬。」

世尊對大菩薩彌勒說：「善哉，善哉，你能傳出如此精進尋求佛陀功德的獅吼聲！你曾於先佛前承侍，生起善根，此等法及功德不依於他，善哉，善哉。」

大補處的這一獅吼聲，為利末法五百年的眾生而以大悲心發出，濁世的初學菩薩、出家菩薩及說法菩薩們深思至關重要。因此在這裡詳細摘錄。

●十方信財，小心享用

當彌勒說這一獅吼聲時，眷屬中有五百比丘從座而起，離去。大迦葉尊者問他們：「宣說資具鮮少之語時，你們從座而起去往何處？」他們說：「大菩薩彌勒的如此資具鮮少之語實在難能，我們心想：我等不具這些資具鮮少的功德，不如還俗為好，為什麼？信士之施授，難可享受、難可消化。」

文殊童子對那些比丘說：「善哉。諸善男子，善哉，不願享受信士所施，當如此警惕、後悔。寧可一日內百次捨棄出家，也莫以不清淨戒律而享用信士所施。」

文殊童子請問世尊：「世尊，如何開許信士所施授？」

世尊告言：「文殊，我開許具有智慧和解脫者享受信士所施授。」

文殊童子對那五百比丘說：「具壽長老，你們當行、當勤、當努力，佛陀出世難得，請不要還俗。」

他們問：「文殊，我等當如何行持？」

文殊童子說：「諸位比丘，你們如若如實行持、努力、勤奮，則不行少法，不辨少法，如是不行生、滅、取、捨、減、增之少法，當如是而行。諸位比丘如是而行，也不證悟少法。不證悟少法，即無所去、無所來。何者無去無來，彼稱比丘，不依於何者，也非不依。」通過他如此解說，五百比丘心無所取而解脫一切漏法。

●前因後果

《聖寶積部‧彌勒請問經》[47]中記載：

彌勒菩薩摩訶薩請教世尊菩薩行的教授，並以最大的歡喜心，用如理的偈頌讚美出有壞。阿難也稱讚彌勒菩薩的辯才和說法。

世尊告言：「的確如此。彌勒菩薩辯才圓滿，以極其確定之

---

47 《聖寶積部‧彌勒請問經》所摘內容，在漢文大藏經《彌勒菩薩所問本願經（卷1）》中有。

詞說法等，實屬稀有。他不僅如今以如實偈頌讚美我，往昔也曾以如實偈頌讚歎如來。

「在過去十大阿僧祇劫之時，普明施戲神通如來出世，這位彌勒菩薩當時成為婆羅門童子妙淨。他見到如來（身色光明）油然起信，心想：『願我將來也變成這樣的身體。假設能夠變成這樣，但願如來的尊足接觸我身體。』那位如來知曉婆羅門童子的想法，於是到他跟前，用腳接觸他一下，即刻他獲得了無生法忍。隨後，那位如來目視眾眷屬，告諸比丘：『你們不要踐踏這位童子的身體，為什麼？因為他已獲得無生法忍。』

「當時，婆羅門童子妙淨也成就了神通神變，以如實偈頌讚歎如來。從那以後，妙淨童子的神通神變永未退失。」

● 感恩偉大的釋迦佛攝受我們這個世界

阿難問佛：「世尊，這位大菩薩彌勒既然那麼久以來就獲得了無生法忍，為何沒有成就無上菩提佛果？」

世尊告言：「阿難，一切菩薩的莊嚴與攝受有兩種，是哪兩種呢？莊嚴眾生與攝受眾生，莊嚴佛土與攝持佛土。大菩薩彌勒行菩薩道時，以莊嚴清淨、攝受（眾生與）剎土（，故不取佛果）⁴⁸。」

---

48 經云：「佛語阿難：菩薩以四事不取正覺，何等為四？一者淨國土，二者護國土，三者淨一切，四者護一切。是為四事。彌勒菩薩，求佛時，以是四事故不取佛。」

阿難說：「我也要莊嚴淨化、攝持眾生，莊嚴清淨、受持佛土。」

　　佛言：「阿難，要知道菩薩彌勒真實趣入正道四十二劫後，我才發起無上菩提心，本應在此賢劫過後九十四劫才成佛，然而我以廣大精進迅速成佛，不惜所有財產、受用、國政、妻、兒、頭、目、血液、骨髓、肢體而行布施之十法，以及安住持戒、安忍等十法，以此速得無上菩提佛果。

　　「先前我成為施寶王子時，將自己身體的血液全部施給患者，使他們病癒。四大洋的水可量，我往昔為菩提而布施的血液無法計量。

　　「在轉成花童王子時，我刺破自己的身體取出骨髓，塗在病人身上，消除其疾病等。為了無上菩提，我取出的骨髓超過四大海洋，不可限量。

　　「成為月光國王時，我將眼睛施給盲人等。為了無上菩提，我布施的眼睛多於須彌山王的微塵數，不可限量。

　　「彌勒菩薩以往行菩薩道時，順利趣入安樂乘，以安樂道而真實修行無上正等菩提。彌勒往昔行持菩薩行時，不曾布施過身體、肢體、妻兒、朋友、皇宮，以善巧方便攝持而輕易趣入安樂乘，以安樂道成就無上菩提佛果。」

　　阿難請問：「世尊，彌勒菩薩輕易修行無上菩提的善巧方便是什麼？」

佛講述：「彌勒往昔行菩薩道時，晝夜三次心懷恭敬現行一切佛陀及其發願的情形。彌勒以往行菩薩道時，使眾生三毒輕微並具十善業道，將來自己成佛，也以如此清淨出現如是時間與量，當一切眾生三毒輕微、具足十善業道時，大菩薩彌勒以發願力，現前無上正等菩提而成佛。

「阿難，我以往行菩薩道時，曾經發願：『但願我於具五濁的世間中，眾生三毒粗重、旺盛，貪執非法，為貪執所壓，被邪法所持，瞋恨父母、兄弟姐妹、夫妻、親友，瞋恨親教師、軌範師，（願我在此等）有垢野蠻、一無所知之人群中，成就無上菩提佛果。』處於如此悲慘時期，我現行大悲，具足大悲。（以此願故，）我今步入村落、城市、國境、王宮為諸眷屬說法，（多有眾生）對我惡口相罵，於眾人中口出粗語，阿難，或有說我是斷見派，或有說我是常見派，或有談論說眷屬欲望多，或談論說欲望大。步入俗家時，他們或遠離我，或施給雜毒之食，或製造火災，如是我已成佛，卻也被誹謗與則丹瑪有染。阿難，我現行大悲，具足大悲，現今對如此眾生講說正法。」

阿難白佛言：「世尊，對如此眾生說法，是如來肩負調伏難化的難行之舉。」

佛告言：「的確如此，因為如此難行，是以如此大悲攝持。」

● 得到教授，最重要的還是要腳踏實地去做

《華嚴經》[49]中記載：

吉祥生童子與吉祥慧童女對商主之子善財說：「善男子，南方一帶古尼海邊果樹籬笆大幢內，有一大樓閣，名為普明莊嚴藏，是從菩薩善根果報所生。在那裡，彌勒菩薩攝受住異生地的人們，並為成熟一切菩薩而安住於此，去他跟前請問一切菩薩行吧。為什麼？那位彌勒菩薩行持一切菩薩行，了知一切眾生之心，並能隨其行為而行，成熟一切有情，圓滿波羅蜜多，善住一切菩薩地，獲得此等一切功德。那位善知識能使你的善根及菩提心、菩薩根性等一切功德增上，為你宣說普賢行。你切莫以行為、願力功德等為滿足，如眾生界邊際（無盡）一樣，你需要圓滿無量菩薩行。為此應尋覓善知識，切勿詆毀。一切菩薩行依賴於善知識，來自於善知識，依善知識而生。」他們讚說了諸如此類的許多功德後，又說：「當不間斷如是作意，為了依止善知識，應以（如大地般）負荷一切重擔不厭其煩的心態等依止善知識。」如是講了詳細道理。

依他們所說，善財菩薩以最清淨超群的行為去依止善知識。其後，他以趨入無量智慧行境的智慧眼觀看，（當見到彌勒菩薩後，）在普明莊嚴藏樓閣門前，五體投地頂禮。憑藉他的殊勝意

49《華嚴經》所摘內容，在漢文大藏經《華嚴經（卷32）》中有。

樂和願力，讓自己顯現在一切如來面前，以及諸位菩薩、善知識之處、佛塔、聖眾、上師乃至父母跟前。他依靠這種方式跨越一切法界而作禮，並加持其乃至未來際連續不斷，以隨行等性的菩薩甚深安住法而安住，如此說道：「此得大悲而清淨，慈師吉祥勤利世，灌頂住地佛長子，隨念行持佛陀境。一切大名諸佛子，住大智境住解脫，無礙周遊諸法界，無比安住即如是。」說完此等偈頌，喜見彌勒菩薩，並久久佇立。

他看見彌勒菩薩那座樓閣外的其餘方向，有成百上千的眾生眷屬，帝釋和梵天世間怙主等、天龍夜叉等許多君主在進行供養，成百上千的婆羅門前後圍繞。善財來到那座樓閣旁邊，無比歡喜，異常悅意，親眼目睹彌勒菩薩後，對其遠遠作禮，五體投地。

彌勒菩薩看著善財，用右手指示給眾眷屬說：「且觀意樂普清淨，堅財之子名善財，尋覓微妙菩提行，來至智者我之前……」以偈頌讚說了他的功德。

善財坐在彌勒面前請問：「聖者，如果要趨入無上菩提，我該如何修學勤行菩薩學處？聖者彌勒，您一生當成就無上菩提佛果，已真實超越一切菩薩行，菩薩行持無有過失，圓滿一切波羅蜜多、安忍門、菩薩一切地、一切解脫門、等持、陀羅尼、辯才、神通等所有功德，受持佛陀法藏及祕密藏，是罹患煩惱疾病的一切眾生之妙藥，於一切眾生中為最勝者，是一切世間君主之

王、一切聖者之首、一切聲聞緣覺之尊，於一切生死輪迴海中為船師，顯現為一切佛陀之眷屬壇城中及眾生之處，不為世間法所染，超越一切魔境，隨住一切佛境界，無礙證得菩薩一切境，住於正法大國政，於一切智境獲得駕馭之方便。既然您於一切智尚且獲得駕馭之方便，那麼該如何修學菩薩之行為？菩薩怎樣策勵而行，才能獲得佛陀之一切法，滿足一切有情的心願，不間斷三寶種姓？請予賜教。」

彌勒菩薩看著眷屬，指著商主之子善財說：「這位商主之子善財，為了成就菩薩行，以殊勝意樂與不退精進尋覓善知識，不厭其煩去依止承侍。在吉祥源城被文殊童子予以攝受，後雲遊南方地帶，參訪了一百一十位善知識，最後來到我面前，這期間一直無有厭倦而以殊勝意樂前往。如此趨入大乘的大願，來自於想救度一切眾生。」這般高度稱讚一番後，又說：「善男子，菩提心猶如一切佛法之種子……」以比喻真實讚歎、詳細說明了菩提心的功德。

「善男子，你詢問菩薩當如何修學（菩薩行），那就到普明莊嚴藏樓閣中看看吧，由此將會了知。」說完，彌勒菩薩在那個樓閣門前一彈指，門自動打開，善財步入其中。

● 一幕幕超凡入聖的景觀

善財發現，這個如虛空般廣闊的妙宅，由無量飾品所嚴飾，

它裡面又如前一樣顯現出數百千其餘樓閣，彼此互不混雜，都以影像形式呈現出種種大莊嚴。見此情景，他情不自禁增上歡喜而作禮。

依靠彌勒菩薩的威德力，他自見其身，遍於一切諸樓閣中，並看見那些樓閣中種種不可思議的神變行境：在有些樓閣裡，有彌勒菩薩最初（發菩提心時）轉生的種姓、名字、種族等，當時如何積累善根，在哪位如來前發菩提心，諸多情形一覽無餘、一目了然。還有，昔日那些眾生及如來的壽量是多少，善財知道自己當時也在那位佛前，並見到了那些情形。

在有些樓閣裡，顯現了彌勒菩薩最初獲得慈心等持，並由此得名慈氏。在有些樓閣裡，展示了彌勒菩薩在何處行菩薩行。在有些樓閣裡，看到彌勒菩薩圓滿波羅蜜多，有些是顯現彌勒菩薩趨入安忍，有些是得地，有些是受持佛土莊嚴，有些是受持佛法，有些是獲得無生法忍，有些是獲得菩提授記等，有些是彌勒菩薩成為轉輪王將眾生安置於十善道中，有些是成為世間怙主，有些是成為帝釋天等等，種種生世利益眾生的情形。有些是在三惡趣以慈心消除痛苦；有些是在天界等一切處以慈心講法，如是為初學菩薩乃至十地菩薩宣說種種法門；有些是行法、學工巧明、誦經、繕寫妙法，入定於不同無量三摩地……諸如此類的行為無邊無際。

在有些樓閣裡，彌勒菩薩身體的一一毛孔中，出現天、

夜叉、轉輪王乃至如來身等種種身相的大妙雲。（在有些樓閣裡，）見到（以妙音讚諸菩薩）無量種種法門。在有些樓閣裡，看到剎土、身體等各不相同的如來無量眷屬壇城。

在（普明莊嚴藏樓閣內的）所有樓閣中，有一個樓閣比其餘更廣闊、更莊嚴。善財見其顯現出整個大千世界，其中百俱胝四洲和百俱胝的兜率天，（一一皆有彌勒菩薩。）在贍部洲，彌勒菩薩從降生到成佛、轉法輪，以種種利樂成熟有情，之後加持佛法住世，最終前往天界。當時，商主之子善財自身也在他面前長期承事，以不失正念通達一切相的方式而了知（一切佛事）。

又聽到從那些樓閣的鈴、鑾鈴、瓔珞、樂器、歌曲等應有盡有的所緣中，發出不可思議的法雲蒼鳴，有些是菩提心的音聲，有些是波羅蜜多行為的音聲……諸如此類有不盡相同的種種法門音聲，並聽到宣說不同菩薩從最初發心到成佛、佛法住世期間種種行為的種種情形。依此，善財獲得了陀羅尼、辯才等多種不同的功德門。

又見到樓閣一切莊嚴寶鏡中，有清淨、不清淨的種種世界成壞住的情景，以及其中一切眾生及種種菩薩的不同行為，都如影像般了了明現。又見到那些珍珠瓔珞中常降下香氣芬芳、具八功德的水流。又見到琉璃瓔珞猶如燈鬘般（光明照耀），所有傘蓋中，珍寶飾物流蘇搖曳，所有池塘裡有大小不同的種種珍寶花，天人等、聲聞、緣覺、菩薩的種種身相及一切眾生的種種身體都

在恭敬頂禮，如來跏趺而坐，大地由琉璃所成，（琉璃地的）一一步間格，顯出不可思議的不同影像。又見到此剎土的珍寶樹中，出現如來、菩薩以及手持多種供品的眾生等不同半身色像的種種情景。又見到在（諸樓閣的）半月形大氅中，散射出日月星辰的無量光明，照亮十方。又見到在無量宮及樓閣的所有牆壁上，依次有彌勒菩薩（累劫修行）的一切行為：那些方格裡，或是彌勒菩薩布施頭目等肢體、妻子、兒子、境域、富有之國政等情形，或是令眾生解脫囹圄，及依靠船筏、馬王的力量救度有情等等，或是他以佛陀、種種有情的許多身相及諸多威儀調化眾生的無量神奇事蹟……

對於一切樓閣一一物中不可思議的莊嚴，及其處境的種種幻變，善財依靠不忘失憶念力，以及彌勒菩薩的智慧加持，以清淨眼見到了無數景觀。就這樣，借助菩薩的加持及現見三界如幻的智慧，善財滅盡了其餘想。就如同有人在夢中見到種種外境，並長期享用受用，不管做夢的時間有多長，如果沒有認識到是睡眠，醒來時又會追憶那一切，（而若了知是夢境，醒後則不會執著。同樣，若知曉三界如夢，就能滅盡一切狹劣想）。

善財以菩薩業的不可思議力，得見如是自在境界。這就如同一個病人將要命終時，以業感現前（所受果報，或生於）不善業的世界，轉生有情地獄遭受焚燒的痛苦，感受彼等壽量，或以善業之因而轉生天界，享受天人的快樂及其長壽。儘管（他還沒

死，）明明知曉由此轉生彼處的現象不存在，但（以業力）卻可以如是顯現。

善財依靠菩薩的加持力而見（一切莊嚴境界，若有人問及，都能回答）。這就如同有人被魔附體，會看到各種色相，也能問答各種問題。

善財依靠菩薩的加持，於短時間可見無量劫。這就如同去龍宮的人，一旦擁有龍的想法，會出現一天已過一百年的情形，可若離開了龍的想法，以人的想法似乎只過了頃刻間。

譬如大梵天的無量宮，一切眾生稱之為莊嚴絕妙，於中可見三千世界所有一切，以影像的方式互不混雜、明然呈現。（善財也是）同樣，於樓閣中普見一切莊嚴，種種差別不相雜亂。

譬如比丘若入定於盡處或遍處，或住或立，正當入定的同時，禪定的境界不可思議。善財（也是同樣，）目睹並領受（樓閣的種種），如身臨其境般體會到了這種意境。

譬如尋香城的縹緲、莊嚴，由虛空而生，故知其無有障礙。譬如夜叉的無量宮殿，處於人的舍宅裡，而人的舍宅又在夜叉的宮殿內，二者（同在一處而）不相雜，各隨其業所見不同。譬如大海中可如影像般映現整個大千世界。譬如幻師以密咒、聖物的威力，可幻化出種種色法。與此等比喻依次對應，商主之子善財也得到彌勒菩薩不可思議的威神力、幻智力、菩薩的自在與加持，了知一切法的智慧幻力而現前成就的威力，自在見到那些廣

大的神變行境，以內心領受、觀察思擇作為因，由此所緣得以開悟。

● 一切盡在不言中顯現

隨後，彌勒菩薩到了那座樓閣裡，收回那些加持，對善財說：「善男子，諸法的法性就是如此，這是菩薩知諸法智因緣聚集所現之相。如是自性，悉不成實，如同幻術。」他以彈指聲，將善財從此等持中喚出，並問他：「見到菩薩的神變嗎？」

善財呈白：「聖者，依靠善知識的加持已得見。這一等持叫什麼？」

彌勒菩薩說：「這叫『知入三世一切所緣正念無失莊嚴藏』。這樣的等持，有不可言說、不可言說（的解脫門），是一生菩薩才能獲得的。」

善財問：「聖者，那些莊嚴於何處才有？」

彌勒菩薩告言：「所來之處，皆由菩薩的加持。因此，它雖然無來無去，也不住何處，但依靠菩薩智慧幻的威德力就會顯現。」

善財又問：「聖者，您從何處來？」

彌勒菩薩說：「菩薩以無去無來等方式而來，如同光影、影像等一般。（然而，你若問我從何處來，）善男子，我降生於鬘力城邑，那裡有商主名為護地，他安住於佛法，為當地人相應

說法，真實勸勉父母、婆羅門、施主、親友行持大乘，我從彼處來。」

善財請問：「聖者，何處是菩薩的誕生地？」

彌勒菩薩告言：「由菩提心，轉生於菩薩種姓中，因此是一切菩薩的誕生地；由殊勝意樂，轉生於善知識種姓中，因此是菩薩的誕生地……如是菩薩有十種不同的誕生地。此外，一切菩薩以善巧方便為父，以般若波羅蜜多為母……趣入無有過失的菩薩種族，遠離凡夫地，以如幻的行境示現投生等獲得自在。」

彌勒菩薩又如是說：「善男子，我以與眾生一切生處的身體與行走同等的差別身相、不同語言、種種名稱、眾多威儀、各種投生等的神變充滿法界，令往昔同緣而行、今卻捨棄菩提心的有情得以成熟。於南方一帶的蠻力城邑，我為調化轉生於此、有家室的婆羅門種姓的人們、父母、親友，令其不以種族殊勝而傲慢，得生如來家族中，故示現投生於此贍部洲。我在南方一帶，依靠如此方便調化有情，並安住在這座樓閣裡。由此離世後，為成熟兜率天同緣而行的天子們，與一來菩薩真實同行，令釋迦如來散放的調化蓮花競相綻放……為此，我示現投生到兜率天。待意樂圓滿後，時機成熟時我將成就遍知佛果。縱然獲得菩提，善男子你與文殊童子，也仍然能見到我。」

● 未來的彌勒佛

《彌勒經》中記載：

釋迦王如來涅槃後，果期、修期、教期、唯持形象期這五千年佛法圓滿時，會出現所謂的舍利期，此時只是以舍利作為供養處。舍利也隱沒之後，人們的惡行不善業增長，一直到人壽十歲之間。當時，饑饉劫、疾疫劫、刀兵劫逐漸結束，倖存的人們心生厭離，開始奉行善業，如是次第增上，人們壽命增長，當時的幸福快樂猶如北俱盧洲。

從壽命下減開始直至人壽八萬歲時，這位大菩薩彌勒約於十六阿僧祇劫及十萬劫中，圓滿布施波羅蜜多及三十波羅蜜多，於救度一切眾生的同時，將受生的餘身作大布施，完全圓滿波羅蜜多，命終後轉生到兜率天。之後，再入於贍部洲具頂王宮中輔佐轉輪王海螺的婆羅門種姓梵妙之夫人——具梵母的胎中，爾時，數以萬計的世間界震動。過了十個月，彌勒於鹿野苑降生，此時依靠自己的福德力，七寶所成的四座美宅出現在大地上。（長大後，）他與拉姆達瓦東堅等美如天女般的眾多女子相伴，在一千年中享受天界般的快樂。

一天，他見到一位出家人，此後不再喜歡珍寶美宅，生起想要出家的心念。當時，在彌勒的那座美宅周圍，三千萬天人手持天花等聚集一處，海螺國王等眾大士夫帶著供品雲集圍繞，空中的天人們傳出「善哉」之音，那聲音（在天界輾轉相傳，）一直

傳到色究竟天。爾時，那座美宅如同陶師的輪盤般飛到空中，彌勒菩薩連同群妃如眾星捧月般一同升至虛空。大梵天撐起量同十萬由旬的白傘，帝釋天王吹奏起海螺，彌勒菩薩被具德善緣的天女眾所圍繞，前往自己的龍華菩提樹下。

那棵菩提樹的量有一百二十肘，樹枝的高度也與此量相同。樹上有具妙香的鮮花，花香遍及十由旬，在繽紛落英掩映的菩提樹下，整個地方令人賞心悅目。伴著各種各樣的飛禽以動聽音聲供養，菩薩彌勒安住七日後出家並接受了大梵天的供品。他的所有眷屬也均出家。隨後，彌勒菩薩享用拉姆達瓦東堅獻上的極其甘甜的乳酪，初夜於菩提樹下結跏趺坐，目視東方安住時，即刻現前無上智慧。

彌勒佛在那棵樹下安坐四十九日。後來經梵天祈請，為轉法輪而前往鹿野苑，他的雙足所踏之處，全部出現三十肘大瓣蓮花，其中小瓣二十五肘、花臺二十肘、中央十六肘。彌勒佛身體的光芒遮蔽餘光，分不出晝夜，但以鳥鳴聲和蓮花開合可區別晝夜。

出有壞彌勒佛的身量，高八十八肘，從足到膝蓋、膝蓋到臍、臍到鎖骨、鎖骨到頂髻之間各有二十二肘，雙肩之間二十五肘，每一鎖骨長五肘，雙耳之頂到頭頂有七肘，每一眼瞼各五肘，雙眉長五肘，雙眉中央之間為五肘，鼻為七肘，上下唇的縱長各四肘，舌圓五肘，頂髻五肘，如金鏡般的面部為二十五肘，

頸為五肘，雙臂各長四十四肘。

　　無比的佛陀、莊嚴的如來，為一萬世界周圍的天人轉法輪，隨後於人中轉法輪。凡想見到彌勒佛者，現在就要為三寶行事，並盡可能奉行波羅蜜多善法。

補處彌勒傳第四品終

虛空藏菩薩傳

頂禮、供養、皈依虛空藏菩薩摩訶薩！

●未見其人，先聞其德

《大乘虛空藏經》[50]中記載：

世尊在卡拉德嘎山時，與無數聲聞、菩薩眷屬一起安住。如來吉祥妙語授記完畢，即刻從西方顯現帝釋所持的數十萬寶珠環繞的如意寶珠，其光芒使這個大千世界所有呈現的色法，除獨一無二的如來以外，其餘有情的身體、四大一概不現，統統成了無邊無際的虛空自性。眾人各方觀察，除了唯有如來的身體昭然而現及寶珠的光芒之外，自他的身體、日月之光及色法等一無所見，而且對一切心與心所也不生我所執及六處之想。儘管在場住十地的菩薩獲得了首楞嚴三昧，可是除一來菩薩與最後有者以外的其餘菩薩、聲聞、天人等與會大眾，全部恐懼不安、驚惶失措、心生悲哀，彼此都迷茫一片，心煩意亂，相互不見，只是互問：「這到底是怎麼回事？一切都不顯現了。」

---

50 《大乘虛空藏經》所摘內容，在漢文大藏經《虛空藏菩薩經（卷1）》中有。

當時，大菩薩梵釘頂禮世尊，白言：「請佛以大瑞相的方式對愚昧迷茫的這些眷屬賜予安慰，請於此處的大菩薩顯示甚深法語。」

　　世尊告言「如是……」，即刻，所有眷屬都一如既往得以現見。

　　接著，世尊伸出右手，如此告言：「虛空藏菩薩摩訶薩，等持等同大海；菩薩學處如同須彌；智慧等同虛空；精進如風；安忍如金剛；如一切菩薩之勝幢；將一切眾生安置於涅槃處，如商主；如一切善根之寶藏；如一切痛苦者之妙瓶；如步入黑暗者之日；猶如迷路者之月；如畏懼者之山王；如為煩惱疾病所惱者之妙藥攝生術；如斷絕善根者之手杖；如以花鬘維生者之花；如奉行戒律者之鏡；如知慚有愧者之衣；如趨向涅槃者之臺階；如行往彼岸之船；如走向善趣之梯；如為惡語誹謗所惱者之傘；如反駁對方者之獅；如求雨者之水；如遭魔敵者之盔甲；如打開破戒者之目；如一切善根莊稼之地；如一切患者之藥；如飢餓者之糧；如乾渴者之水晶；如疲憊者之榻；如具等持者之火晶；如入菩提道者之乘騎；如遊戲樂園者之池；如精進菩提分法者之鬘。彼善來，善男子，他如到彼岸者之果；如具十地者之摩尼寶珠；如具首楞嚴三昧者之森林；能斷除一切惡見之行，如利刃；猶如摧毀一切習氣結生煩惱之金剛，諸魔難勝；具足方便者之吉日；開啟智慧之門，一切佛法之處；如同緣覺之鬘；如同一切聲聞之衣；猶如一切天人之目；猶如人類之道；成為旁生之庇護、餓鬼之所依、地獄眾生之怙主；一切有情之施主；猶如一切菩薩之乘騎；猶

如三世一切佛陀之臣；是法城之護門。彼善男子以乃至佛陀十八不共法之功德為莊嚴，具足圓滿佛陀一切智慧，除如來之外，為其餘有情所供養之一切聖者都應當供養的善男子。汝等當迎接、供養、恭敬他，（若如此，）汝等也將獲得如是殊勝功德。」

聚集當場的眾眷屬從座而起，向虛空藏大菩薩合掌，歡喜而視。他們心想：「我們該以何等殊勝莊嚴供具，承侍供養這位善男子呢？」

此時，虛空藏菩薩以威神力，令娑婆世界（的丘山瓦礫、荊棘坑坎等）變得平坦如掌，七寶為地，以七寶所成的林樹等嚴飾。（整個世界）無有三惡趣以及疾病等一切痛苦，眾生皆普獲衣、食、裝飾等，具有最美的身色，意樂悉皆圓滿，煩惱全然寂滅，對三寶無比信奉。在場的每一位有情，雙手都拿著寶珠，其光普照整個娑婆世界。伴著各種樂器聲，天降各式寶珠、妙衣、裝飾、花、香、鬘、傘等大雨，天界的衣飾、花朵、蛇心栴檀等，遍及道路左右。如尊勝宮般的七寶美宅內，欲界自在天美麗的妙齡妃子奏出具五音聲的鐃鈸妙音，歡悅嬉戲。在世尊的頭上，天人寶珠所成的大梵天傘般大約百由旬的傘蓋點綴著珍寶瓔珞、珍珠飾品，發出勝似人天的鐃鈸聲；依於大地的一切草木花果等，也發出如此動聽的讚歎妙音，凡是聞此妙聲的眾生，都於無上菩提得不退轉。

目睹如此廣大莊嚴，眾眷屬倍感稀奇，不禁暗想：「該如何

擺設那位聖者的坐墊？」

此時，世尊面前從地踊出種種珍寶所做的寶蓮花，約一聞距，由數十萬蓮花臺所環繞。虛空藏菩薩結跏趺，坐於首位的那朵蓮花上，他頭頂的寶珠光彩奪目。虛空藏菩薩及獲得了首楞嚴三昧的數十萬大菩薩眷屬，以釋迦毗楞伽寶而為莊嚴，都落座於各自的墊上。

●去邪扶正，祈禱他尤為靈驗

爾時，彌勒菩薩對藥王菩薩說：「諸位大名鼎鼎的菩薩，都是先向本師頂禮後才落座的，而這位大德顯示廣大莊嚴後，也沒有頂禮佛陀就落座了。」

藥王菩薩說：「這位大德住於佛陀之法，不依一切分別。雖然不見有情，卻為了成熟有情而顯示方便行境。」

世尊對藥王菩薩賜言「善哉」，並說：「正如大德你所說，一切凡夫不能了知一位預流者的行境、加行與解脫，而遍計執著的一切有情縱然變成預流者，也不了知一來者之行境等。以此類推，所有一來者不了知不來者；不來者不了知阿羅漢；一切阿羅漢不了知緣覺之行境等；一切有情縱然變成麟角喻緣覺，也不了知一位獲得無生法忍的菩薩之行境等；一切有情縱然變成獲得無生法忍的菩薩，也不了知一位獲得無礙解及首楞嚴三昧的菩薩之智慧信解行、勝義諦的加持。

「善男子，這位虛空藏大菩薩已得無生法忍，已得無礙解，已得首楞嚴三昧達無量劫之久，了知現今我的大眾眷屬的意樂、隨眠，為利益他們才從西方來此，顯示不同於聲聞、緣覺之無邊虛空、無邊處之等持，使一切眾生生起厭離，其後為成熟無量有情，顯示世俗之大莊嚴及等持之大莊嚴。假使這位善男子宣說勝義諦無生法忍，那麼包括天人在內的世間眾生，都會因愚昧而感到不解，乃至八地菩薩也會迷惑，因此不能顯現此行境、加行相。他安住於如此甚深法的功德中。

「這位善男子，了知方便，安住佛法，無有懷疑，不依他智，堪為一切菩薩勝幢之王。這位虛空藏大菩薩，令一切有情轉生善趣，得以解脫，能使他們從心的煩惱疾病中解脫出來，能治癒身體之毒、大種之患。以惡見蒙蔽而不知善趣、解脫道者，如果頂禮這位虛空藏菩薩，以沉香、熏香熏燃，念誦其祈禱文，則虛空藏菩薩相應他們意樂、隨眠等以往的善根，令其心中一切善根得以復甦，或者以善巧方便在夢中指示。依靠虛空藏菩薩之方便，能迅速脫離惡見、惡願、惡皈處等，獲得正直的三門行為、善知識與正願，顯示迅速脫離惡香、煩惱、墮入惡趣的一切業，從而自心獲得自在、安住於甚深法忍的方便。

「身體被種種疾病折磨、心思散亂、眼等諸根有疾患、任意肢體殘缺的眾生，如果為了祛除這些而虔誠祈禱，虛空藏菩薩在他的夢中以婆羅門、帝釋天、妙音天女、王臣、醫生、父母、童

子、童女等色相，指示祛病的良藥與資具，依此配方，將消除一切病患。

「渴求僕人、多財、不離受用、長壽、富裕、美貌、兒子、侍從等，希求智慧、名聲、賢良、種姓、功德、溫語、隨順眾生、解脫罪惡、諷誦、聽聞、工巧、寂靜、禪定以及希求布施等六波羅蜜多者，如果祈禱虛空藏菩薩，則他將顯示方便，如意成辦所求之事。

「此外，希求令吝嗇者布施等精進於波羅蜜多者，希望將其餘有情安置於圓滿菩提、善巧方便、四梵住直至大悲之間者，如果祈禱虛空藏菩薩，那麼他會以相應彼等緣分的身相為其指示方便，依靠其方便，不費力便可使無量有情、不住乘者及住聲聞、緣覺乘者都於無上大乘中不退轉，能將他們安置於等持、陀羅尼、種種法忍至十地之間。

「如此虛空藏菩薩具足不可思議的方便、智慧、大悲。善男子，虛空的量假使有人能確定，虛空藏菩薩發起的方便、智慧、大悲、等持力及成熟有情的量，則無法確定，他具有如此不可思議的功德。任何有情，若無有諂誑，具足正見、正勤，不自讚毀他，斷除嫉妒、吝嗇，無有詐現威儀，具足殊勝意樂，將會得到這位善男子的慈憫，為其顯示方便智慧、精進、勇猛的方便法，依其完全能脫離痛苦，生起無上菩提心，一切善根迴向菩提，於無上菩提中不退轉，為圓滿六波羅蜜多，具足大喜、大勇，迅速

成佛。

「虛空藏菩薩具足不可思議的功德調伏法，能成熟一切有情。」

● 欲求墮罪清淨之人的救星

其後，彌勒菩薩請問世尊：「世尊，為何這位善男子的頭上有極其燦然的如意寶珠，而其餘菩薩並非如此？」

佛告言：「善男子，虛空藏菩薩具足大悲饒益有情，因此能使其解脫大痛苦。任何眾生若犯根本墮，趨往惡趣，耗盡一切善根，為諸位智者所棄、無依無怙，這位虛空藏菩薩將利益他們，能鏟除其惡見稠林，使他們遠離懷疑，並能開示正道，洗滌一切罪惡及垢穢，避免趨向惡道，安置彼於善趣與解脫中。

「任何眾生，若貪欲極重，極度瞋恨，為害心、覆蔽、吝嗇擾亂，為愚痴黑暗所纏縛，聲稱無有因果，不畏後世，積財無厭，恆常依於十不善道，虛空藏菩薩能關閉他們的惡趣之門，將其安置於善趣與解脫中。

「因此，除如來之外，天等一切世間皆當供養這位正士。

「為此，在已犯掠奪三寶之財等王族易犯的五種墮罪、大臣易犯的五種墮罪、平凡初學者易犯的八種墮罪——菩薩的根本墮及聲聞的根本罪的那些對境前，虛空藏菩薩以種種相出現，宣說甚深經藏，使心生感動的王族等對宿業心生後悔，以慚愧心發

露懺悔，並加以斷除，以大歡喜心行持善道，從而趨向善趣與解脫。為此，想發露懺悔根本墮罪之人，如果在黎明，以沉香、漢香等熏香熏燃，念誦虛空藏菩薩的名號，虔誠祈禱，那麼隨其緣分在夢中，虛空藏菩薩以種種相住於其前，開示脫離墮罪的方便及大乘的善巧方便，將他安置於等持、安忍、陀羅尼至（十）地之間，穩固安住於大乘，於無上菩提中不退轉，不退失圓滿六波羅蜜多的精進，得以穩固，以智慧及善巧方便使那些初學菩薩獲得不忘菩提心等持，不久成就佛果。如此具有墮罪者，都能從墮罪中拔出，而安置於無上菩提中。因此，這位虛空藏菩薩的頭上，才有極其勇猛所生的如意寶珠。

「善男子，若有眾生聽聞虛空藏菩薩名號，或令人畫像，或於其前供養，或恭敬、承侍、以種種供品供奉，頂禮膜拜，以自之生命供養，則彼等眾生不會遭受火災而亡，不會因水災、兵刃、毒物而死，除壽命已盡者外，人非人皆無法奪其性命，不會有非時橫死，不會疾病纏身，不會因飢渴而死，不會受到國王懲罰，乃至命終不會犯根本墮罪。在他們諸根未滅、心識未離開身體之前，隨同自己對某種形象的恭敬心，虛空藏菩薩顯示為婆羅門、帝釋天的身相，宣說四諦法，令其了知而趨向善趣。在對佛陀有信心者面前，虛空藏菩薩化現為佛陀的色相宣說正法，此人因作意佛陀的聲音而欣然隨喜，命終之時往生佛陀淨土。於信仰法及僧者前，也如是宣說相應之法。

「凡是欲求心得自在而行種種等持者、欲求讀誦種種佛經及論典者、欲求回憶前世者，欲求入大海及洞穴（求寶）者、欲求行持微妙精華義者，祈禱虛空藏菩薩，均能如願。

「為病所纏者、入於囹圄者、受到懲罰者、面臨屠殺者，渴求脫離火、水、毒、刃、詛咒、猛虎、獅子、盜賊、惡人的畏懼，遠離眾叛親離、怨憎會等的痛苦者，法衣、齋食等資具及種種受用貧乏者，若懷慈心盡力念誦虛空藏菩薩的名號並供養、祈禱，虛空藏菩薩會以任意一種身相住於他們面前賜予安慰，使其擺脫一切痛苦，圓滿一切意願，富有一切資具。

「若有王子想要獲得王權灌頂，如是欲求婆羅門及施主之顯赫地位、信解工巧、聽聞至修行之間者，如果念誦虛空藏名號並祈禱，他以天耳聽到後，會對他們顯現如是方便，令其如意滿足心願。

「善男子，虛空藏菩薩具足不可思議的方便功德與智慧大海。大海之水滴數、十方虛空之量雖然不可計數，但有些人也可能衡量，而虛空藏大菩薩為成熟有情而幻化的種種相，無法衡量。於有些眾生前幻化為佛陀色相，乃至於旁生、有情地獄之內化現為旁生及地獄有情相，如是幻化成婆羅門等隨機調化的種種色相，於有些眾生前現量幻化，於有些眾生前在夢中幻化，於有些眾生前在臨終的最後神識之際示現化身，以此遣除他們的罪業，救度他們遠離惡趣，安置於善趣乃至大菩提之間。如是這位

虛空藏菩薩具足方便、智慧、佛陀的大功德，因此他頭頂有如意寶珠。」

所有眷屬都對虛空藏菩薩感到稀有，進行供養。虛空藏菩薩也將所有供品獻給佛陀世尊，頂禮請求法義，宣說陀羅尼，結果使無量無數的天、人眾生於等持、陀羅尼、種種安忍、十地生起智慧，數以萬計的眾生獲得無生法忍。

世尊告虛空藏菩薩：「你於無量無數世間界，為一切有情以大悲力在村落、城邑、城市、區域、國境、王宮，以種種身相、裝束、行為講說大乘種種經藏，成熟有情，使下賤王族至下賤沙門之間斷除惡法、行持善法。」

《大解脫經》[51]中云：「虛空藏菩薩摩訶薩，於未來時『空淨劫』，在受用世界，成就善逝應供真實圓滿正等覺，佛號淨莊嚴。彼世界中所有大菩薩唯行大乘。若有眾生聽到虛空藏菩薩名號，頂禮供養，將往生於受用世界。若有眾生修行大乘法（而未得無生，受持是經者），也將獲得無生法忍。」

《虛空藏一百零八名號功德經》中云：「是故欲求恆安樂，常依讚歎而依止，一切眾生唯勇士，三有怙主虛空藏。」

怙主虛空藏傳第五品終

---

51 《大解脫經》所摘內容，在漢文大藏經《大通方廣懺悔滅罪莊嚴成佛經（卷2）》中有。

地藏菩薩傳

頂禮、供養、皈依地藏菩薩摩訶薩！

● 他如大地般，是無量功德的寶藏

《地藏十輪經》[52]中記載：

世尊於卡拉得雅山眾多仙人行境之處，與無量比丘僧眾及菩薩大眾一起，剛剛說到「月藏」時，南方大香雲中飄出清香，從花雲、珍寶天物飾品雲、妙衣雲中降下相應的妙雨，遍及那座山，並從雨中傳出種種法音。那些眷屬的身體也如其信解散發出芳香，由飾品等所莊嚴，他們各自見兩手掌中持如意寶，從中一一如雨般降下奇珍異寶。

那些如意寶現出種種光芒，使人們見到十方恆河沙數佛土中，如來由無量眾多眷屬承侍圍繞。那些光芒若接觸到盡其所有數剎土中為病所苦、面臨被殺、入於囹圄、行不善業、飢渴交

52《地藏十輪經》所摘內容，在漢文大藏經《大乘大集地藏十輪經（卷1）》中有。

迫、被種種懲罰所惱等的一切眾生，即刻能令他們遠離痛苦，如願擁有服飾、珍寶等，斷除十不善，獲得一切所欲，止息一切苦惱，具足無比安樂。

在那所有剎土中，依此光芒，使得雲、塵、風、雨、不吉祥的聲音等不悅意的一切對境及重重恐懼、危害全然不存，此外，眾生完全遠離惡業、邪語、邪意樂，大地平如手掌，充滿一切快樂資具，無有嚴寒酷暑，寂靜安樂。

當時，許多眷屬各自的身體比地界還重，似乎無法支撐，見到如此相兆以後，他們不禁生起「是什麼因緣導致如此相兆」的分別念。

●許下什麼願，就會得到什麼結果

此時，眾眷屬中的帝釋天王無垢生請問世尊：「如此情形是什麼因緣？」

世尊告言：「地藏大菩薩於往昔無量無數大劫之間，於五濁之際佛陀不住世的世界成熟有情，如今他攜帶眾多菩薩眷屬來此世界向我頂禮、供養，為見眾眷屬壇城而以沙門相前來，以其威力顯示這些神變。

「地藏大菩薩以無量無數、不可思議的功德而為莊嚴，包括聲聞、緣覺的一切世間眾生，對此無法揣測。這位菩薩是一切超絕功德之寶藏，是解脫珍寶之源泉，是一切菩薩之清淨眼，是趨

向涅槃之商主，如摩尼寶珠般降下所欲之妙雨，滿足一切所求。彼如眾多商人之寶洲；如增上善根之良田；如安置於解脫安樂之器皿；如功德珍寶源泉之妙瓶；如照亮善妙者之日輪；如迷途者前明燈；如消除煩惱酷熱之明月；如無足者前之乘騎；如行遠途者之臺階；如行於荒郊者前之嚮導；如癲狂煩亂者之妙藥；如為病折磨者所遇之名醫；如衰老年邁者之依附物與手杖；如疲憊者前之坐墊；如越過四瀑流之橋梁；如趨向彼岸之航船。

「他是成熟三種善根之大地及雨露；布施不斷如寶輪；守戒穩固如山王；精進不壞如金剛；安忍不動如大地；禪定甚深如寶藏；入定莊嚴如花鬘；智慧深廣如大海；不著一切如虛空；妙果近因如眾花葉；調伏外道如獅王；摧毀天魔如龍王或大象；杜絕一切煩惱聲如天劍；厭離繁雜慣鬧如緣覺乘；洗滌煩惱垢如淨水；能除不淨髒物如狂風；斬斷煩惱如利刃；防護一切畏懼如親友；救脫反方之敵如妙坑或堡壘；救離一切危難如父母；庇護弱者如密林；夏季遠行者前如涼蔭樹；酷熱乾渴所逼者前如清涼水；飢餓者前如香米；裸形者前作妙衣；酷熱所逼者前作烏雲；貧窮者前作如意寶；恐懼者前作依處；莊稼前作雨水；濁水前作為澄清寶珠，能使芸芸眾生的善根無與倫比，顯現微妙行境，令眷屬歡喜、滿足，激勵眾生趨入警惕與慚愧，於積累福慧資糧者，使其具足彼莊嚴，消除煩惱猶如嘔吐藥與瀉藥；收攝亂心，如入定之境界；辯才無礙如水車輪；心攝於所緣猶如專注美色；

令安忍穩固猶如須彌山；陀羅尼深廣如大海；神境足無阻猶如行空中；遣除一切障礙習氣，猶如熾熱陽光融化寒冰；恆常享受禪定、無色定、真實道，遍知之智慧猶如寶洲，不刻意而轉大法輪。善男子，地藏菩薩摩訶薩具足如此無量無數、不可思議的殊勝功德。」如是讚歎三遍。

頃刻間，地藏大菩薩攜八十百千俱胝那由他菩薩眷屬，依靠神境通的威力，以沙門相從南方來到世尊面前，禮佛雙足，真實讚歎，以種種供品供養後，為聞法而坐於前面。

●他是滿願第一

隨後，眾眷屬以供品供養地藏菩薩並頂禮。當時，眷屬中問疑大菩薩禮佛後如此呈白：「世尊，這位善男子居於何處？在此刹土住了多久？具足多少功德與善根？世尊以種種讚詞稱揚他，他又如是真實讚歎世尊不可思議的功德海，我前所未見、甚感稀有，請世尊為我宣說。」

世尊告言：「善男子請聽，這位大士夫的功德善根有多少，世間一切天、人眷屬無法通曉。假設如來廣說這位大士的功德及善根，包括天、人在內的一切世間眾生，都將迷茫而不信受。」

問疑菩薩再度懇切祈求。世尊告言：「汝當諦聽，銘記在心，我為你宣說少許。

「這位大士具足無量不可思議的殊勝功德，如是能輕易安

住於首楞嚴三昧，也能悟入如來之行境，獲得無生法忍，於諸佛法已得自在，於遍知智慧獲得法忍，並趨至遍知智慧海岸，善住獅子奮迅幢等持，登上遍知智慧之山，完全擊敗一切外道及反駁者，為成熟一切有情而能於盡其所有的一切佛剎安住。

「彼大士夫隨所安住（諸佛剎、隨所安住諸等持），一切剎那亦復如是（成熟無量有情）。假設他入定於現行智等持，依靠那一等持的威力，使住於那一佛剎的一切眾生均得見相應一切等持的行境。如他如何安住，一切剎土也復如是。假設入於具無量智等持，則（依靠那一等持的威力，）使那一剎土的一切有情以無量殊妙供品供奉承侍世尊。如是若入於清淨智圓滿等持、具慚愧智等持、開顯諸乘等不同等持時，猶如他安住一般，那一剎土的一切有情也將如此，見到行境的過失而使心得以清淨，具足殊勝警惕而遠離不善法，不失意樂，獲得善巧方便的眼通等神通，遠離一切憂苦、沮喪，昏聵，離開黑暗而現量見到十方佛陀，斷除邪見而皈依佛陀。那一剎土的山川、深谷、毒、猛獸等一切過患不復存在，大地平坦，由多種妙相莊嚴。魔王及眷屬驚慌而皈依三寶，一切有情遠離來世的畏懼，歡喜正法，一切有情隨意樂獲得飲食，具足力量，脫離一切疾病，隨信解具足坐墊、服飾等一切悅意資具，身心安樂，無有怨敵、束縛，和睦、快樂，圓滿六度，具足無量歡喜、無礙智慧，諸根齊全，無有殘缺，厭惡不善法，以十善及真實道使內心極其寂靜，以悲心相互饒益，

遠離戰爭、饑疫，止息非時風雨等一切苦觸。如此入於各自等持中時，行持如此種種功德。假設入定於海電光等持，則依靠其威力，使那一佛土的整個大地由種種珍寶所成，遠離一切過失，由珍寶樹、飾品、樂器等維生的無量勝妙資具莊嚴。總之，那位善男子為成熟芸芸眾生，一日及上午時入定於恆河沙數等持，從中起定而於十方一切佛土隨機調伏一切有情，行持利樂，使他們得以成熟。

「這位善男子曾於往昔無量大劫之間，於五濁之際，在如來未住世的世界成熟有情。未來時，見到有些世界出現刀兵畏懼，有情遭受逼惱，這位善男子於上午時，依靠等持的威力，解除彼等畏懼，使一切眾生相互生起慈心。當出現疾疫畏懼及饑饉畏懼時，也會止息那一切痛苦。這位善男子以如是眾多等持力，以無量無數不可思議的利樂安慰有情。這位菩薩於往昔過去時無量無數盡恆河沙佛陀出有壞前，為救度一切有情而心懷無盡大願，發起大悲心及不被奪取的精進，以越來越增長的力量，剎那間調化無量俱胝那由他異生凡夫，救離種種痛苦，滿足所求之願。

「何處有因種種欲望而痛苦、被欲望逼迫的有情，如果一心一意念誦地藏菩薩名號，對其觀想、恭敬、供養，則獲得一切所欲，遠離痛苦，隨緣分投生到善趣天界乃至獲得涅槃。依此類推，缺乏飲食、服飾等者如果祈禱，則擁有一切所欲，乃至獲得涅槃。愛別離者、怨憎會者、被病苦折磨身心者、鬥爭爭論者、

困於囹圄者、被毆打捆綁面臨遭殺者、身心疲憊者、不具威力軟弱者、諸根殘缺不全者、迷亂心識鬼使神差者、貪瞋等種種煩惱逼迫身心不能轉變者、遇到火水風及墮落懸崖等畏懼心驚膽戰者，被毒蛇、猛獸、種種毒物所纏者、中鬼魔者、恆常以瘟疫等種種流行疫癘發抖者、喪失正念者，夜叉羅剎等人與非人、怒忿猛獸、咒語、詛咒、前赴沙場等種種危難所纏縛逼迫身心者，如果念誦地藏菩薩名號並供養之，則迅速遠離一切不安，如意獲得所求安樂。

「因為欲求多聞、信解、戒律、禪定、神通、智慧、解脫、妙色等五欲妙、利養名聲福德、維生、花果、樂園、坐墊、敷具、財物、糧食、良藥、雲遊各地，欲求舍宅、僕從、顏料、雨水、莊稼、溫暖、清涼、扇子、涼風、火、乘騎、子女，欲求善巧方便、行福、正直者，或者因欲求除此之外世間出世間的種種利益事而苦惱者，如果能一心一意念誦地藏菩薩名號並觀想、恭敬供養之，則依靠此善男子的等持、微妙功德、威力及威光力，能使他們遠離一切苦惱，滿足一切希求，進而隨緣分投生到善趣，乃至獲得涅槃。

「於何處在良田或荒田中播下種子，無論精勤耕耘與否，如果能一心一意念誦地藏菩薩名號並行以供養，那麼必將莊稼豐收，成熟果實。為什麼？這位善男子往昔無量無數大劫中於無量無數佛陀前以大精進的加行及穩固的誓願力成熟一切有情之故，

恆常受持整個大地，恆常受持一切種子，恆常令一切有情如意而行。依靠彼善男子的神通力，能使這個大地所生長的草木苗芽等茁壯成長，成熟果實，生長力旺盛，甘甜、潤澤、芳香。

「任何眾生，若三毒猛烈，現行不善業道，如果持誦地藏菩薩名號，就能止息煩惱，遠離不善道，具足善業，生起慈悲利樂之心。這位善男子依靠如此微妙功德、等持、威力、威光力、極精進之等持，剎那須臾間前往無量無數佛土，於彼一一佛土，剎那間能救度無量無數盡恆河沙有情脫離痛苦，使之獲得快樂，乃至獲得涅槃。如是善男子具足不可思議的功德、穩固願力、大精進，為成熟有情而於十方世界，於有些眾生前，以大梵天王的身體宣說調伏之法。如是以大自在天、欲界他化自在天等六欲天的身相，佛陀、菩薩、聲聞、緣覺、轉輪王王族等四大種姓、男人、女人、童子、童女身相，乾達婆、阿修羅、夜叉、盡其所有非人的色相，獅子、駿馬、牛王、大象等種種旁生，餓鬼、閻羅、地獄獄卒乃至地獄眾生身體的無量無數種種身相，隨緣分為芸芸眾生說法，使他們趣入不退轉三乘之地。

「善男子，這位大士具有如此不可思議的功德，是殊勝超群功德之寶藏，是一切解脫珍寶之來源，是眾多菩薩之清淨眼，是趣向涅槃城之商主。他不經刻意而由上述大功德中轉大法輪。善男子，設若有人於一百劫中對彌勒或文殊或觀世音或普賢等恆河沙數菩薩摩訶薩一心一意皈依、念誦他們的名號、觀想、恭敬供

養、頂禮並為所求心願而發願，不如有人於一剎那、頃刻、須臾間一心一意念誦地藏菩薩摩訶薩名號並觀想、恭敬供養、頂禮更能迅速成就圓滿一切所願。為什麼？這位地藏大菩薩為利樂一切有情，能滿足一切有情之願，猶如摩尼珠之寶藏。這位大士為成熟眾生，長久以來修行極其穩固的大願、大悲及大精進之故，超勝一切菩薩，你當恭敬供養。」

●佛陀百般讚歎的大士誰不起信

從十方聚集的諸位大菩薩、聲聞及天等眷屬大眾均從座起，伴隨著讚歎的妙音，以各自的珍寶花等無量供品恭敬供養地藏菩薩。地藏菩薩也將那所有種種天物供具供養世尊，並說偈頌：「一切天龍夜叉人，十方菩薩諸供品，獻大功德世間尊，祈請納受最勝供。」說完頂禮佛足。

世尊也以偈頌告言：「發起堅慧清淨心，解除無量有情苦，猶如珍寶見樂源，猶如金剛斬疑網，具大悲心及精進，供養最勝妙世尊，智海救度眾生苦，無畏趨至三有岸。」

隨後、地藏菩薩從座而起呈白世尊：「我為增上世尊之四眾眷屬等的正念、正命、身樂、色相、威力、名聲、善根、道果、資具、弟子、波羅蜜多等一切吉祥，如此說由無量佛陀前得受、受持聽聞的大明咒。」隨即宣說了具足無量功德利益的陀羅尼。頃刻間，卡拉得雅山劇烈震動，數俱胝的天界樂器自然奏起，無量天

香、天花、天寶如雨降下，眾眷屬對此深感稀奇。

當時，眷屬中有大吉祥天女及具德大天女等駕馭四大種的一萬八千天女，她們從座而起頂禮佛足，說道：「世尊，真是稀有！善逝，我雖能駕馭四大種，可卻不知四大初中末的生滅同品違品，而這位大士夫獲得了極深細微的智慧波羅蜜多，徹知四大的初中末法相及生滅同品違品。猶如如意寶具足眾多功德，能如雨降下種種珍寶而施予芸芸眾生，如是這位善男子也能如雨般降下菩提支的種種珍寶，施予一切有情；猶如寶洲充滿種種珍寶，這位善男子也具足菩提支的種種珍寶；猶如天物之樹於則札拉山上散發芳香並由花朵點綴，這位善男子也以菩薩之法種種珍寶莊嚴；猶如獅子王不被群獸所懾而無所畏懼，這位善男子也不被一切眾生恐嚇或制伏；猶如杲日遣除世間的一切黑暗，這位善男子也遣除惡見無明的一切黑暗；猶如虛空中的明月於夜晚為迷失路途的一切有情指示安樂道，使之順利前進，這位善男子也於無明的夜晚為背離三乘漂泊在輪迴荒野中的一切有情以三乘開示正道，隨緣分依靠方便將他們安置於出離道中；猶如大地成為一切種子、草木莊稼及屬於人間界一切有情的所依，這位善男子也成為殊勝菩提支一切法的依處；猶如珍寶須彌山王極其堅固、無損無失，這位善男子也完全安住於佛陀不共法中，不捨一切眾生而無失，布施一切善根而無損；猶如虛空為一切眾生所享用一般，這位善男子也為一切眾生所受用。這位善男子具足如是無量無數

功德。」

　　眾眷屬聽到地藏菩薩無量功德的讚歎後倍感稀有，恭敬承侍，極其歡喜，一心一意專注目視著地藏菩薩。

　　爾後世尊，為明確此義而重複告言：「地藏真實士，具眾圓功德，身著沙門裝，禮大本師至……」將前面所說的功德再度以偈頌重說，直至「設若百劫中，讚稱彼功德，極難滿究竟，故眾敬供養」。

　　之後，地藏大菩薩請問世尊於五濁世間如何以大悲心轉法輪等正法。如來以十大輪的方式說法，利益了無量無數眾生，並將彼法交傳予虛空藏菩薩，且教誡：「於受持者，以防護失財、損害、不善業、誹謗等十種過患的十法保護。」虛空藏菩薩也如是承諾。

地藏菩薩傳第六品終

除蓋障菩薩傳

頂禮、供養、皈依除蓋障菩薩摩訶薩！

這位大菩薩有不可思議的事蹟。

●讓文殊難堪的這位女菩薩到底是誰

《佛說大乘如來行經》[53]中記載：

在東方普光世界，行愛王如來的佛土中，聚集了十方恆河沙數佛陀，研討法門。文殊童子懷著「去彼處」的想法，剎那間從這個娑婆世界到了那一剎土。行愛王如來的右側有一善女子，名叫除疑，以金剛跏趺入定於無垢月光等持。

隨後，行愛王如來為了顯示佛菩薩不可思議行境等的必要，於不知不覺中，將文殊童子拋到鐵圍山頂。文殊童子（察覺後）發起自己的神變力，想去十方無量佛土，可是在佛陀的加持下連

---

53 《佛說大乘如來行經》所摘內容，在漢文大藏經《諸佛要集經（卷1）》中有。

髮尖許也無法行走，只好又坐回那裡，安住於不作意的念住中說法，從而使四萬二千天子獲得無生法忍。

諸佛離去後，行愛王如來右手掌放光，勸請文殊童子到彼剎土。文殊頂禮如來後，問道：「我被從彼眷屬中驅逐，而這位善女子竟然沒受這個待遇，顯然她有最殊勝的善根。她是從什麼時候發心並獲得此等持的？」

如來告言：「文殊，這位善女子安住於此等持，以遠離一切想及作意的方式見到十方無數佛陀，聽聞正法，為他宣說，卻一無所想，經劫言說也說不盡她的功德。文殊，你將這位善女子從此等持中喚起，親自問她吧。」

於是文殊童子想喚她出定，依次用平常彈指的聲音、十方無邊世界能聽到的彈指聲、大千世界所有鐃鈸自然彈奏聲、遍及十方無邊世界的幻化無量鐃鈸聲、世界一切山巒相互撞擊的恐怖聲充滿無邊世界，可也沒能喚起她。隨後，文殊童子又依靠加持力拉動那位善女子的手，結果下方無數剎土皆已震動，卻也沒能動搖她那一等持髮尖許。文殊童子又用力向上抬起她，上拋到無量剎土中，又將那位善女子安住的地點及周圍放在右手掌，一直拋至梵天之間，她仍始終安住。又將那位善女子放在右手，帶去東方等十方每一方及恆河沙數的佛土中，發出鐃鈸及山的聲音，降下花雨，可也無法喚她出定。

文殊童子又再度坐回眷屬中，他那些神變，使十方無量無數

有情成熟了善根。文殊童子呈白行愛王如來：「菩薩的行為真是稀有。」

如來告言：「的確如此，菩薩的行境不可思議。假設兩個大千世界都變成大鼓，有一個大力士用等同一千世界的鼓槌，在勝過劫數的時間裡在這位善女子面前敲擊，那聲音尚且傳不到她的耳畔，更不用說喚起她了。」

文殊童子問：「那誰才能喚起她呢？」

佛告言：「除了如來或除蓋障大菩薩以外，誰也做不到。」僅僅宣說這位大菩薩的名稱，就使大地出現了六種震動，如果念誦他的名號，其餘剎土也會大地震動。

文殊童子問：「這位大菩薩現住於何處？希望他能來此一見，並從等持中喚起這位善女子。」

佛陀以佛光勸請下方越過恆河沙數剎土名為種種幢世界獅鵝牛蘊聲如來前的除蓋障菩薩，結果他攜帶五十萬菩薩眷屬剎那間到來，於如來足下頂禮，然後安坐上方空中，入定於滅身等持，降下花雨等顯示神變。所有眷屬及文殊童子都看不見他的身體。

如來說：「這是（滅身）等持的威力。」

文殊童子心想：「我也要成就此等持。」除蓋障菩薩知曉他的想法，只聽他說：「此等持不僅獨一無二，而且如同大海的水滴數般（不可揣測）。我能出入盡所有的滅身等持，而你連它的名稱也不知曉。」

（此時，文殊童子緣自己累世所修妙行，一彈指間便成就了這個等持。行愛王如來不禁讚歎：）「其餘菩薩於俱胝那由他劫也難以成就的等持，文殊童子在一彈指間就能成就。」

　　之後，文殊童子呈白如來：「我想見見這位菩薩。」

　　依如來言教，除蓋障大菩薩及眷屬顯出身體。

　　文殊童子對除蓋障菩薩說：「請將這位善女子從等持中喚起。」

　　除蓋障菩薩說：「儘管我能夠喚起她，但還是請遍知如來親自喚她吧。」於是，行愛王如來入定於「能起等持心」之三摩地，使那位善女子及彼世界凡入定者都出定。

　　文殊童子問那位善女子：「你是從什麼時候開始發菩提心的……」

　　她從不可言說之義開始，宣說了極其甚深的法。對其辯才，眾人甚感稀有。

　　文殊童子請問如來：「世尊，這位善女子發心多久了？」

　　如來告言：「這位善女子為求菩提，行持了九十九百千俱胝那由他劫之後，文殊你才發菩提心。這位善女子最初在寶生如來前發心。彼佛剎土功德莊嚴，縱使於恆河沙數劫宣說，也不能言說其一分。當時，這位善女子是離聲轉輪王，那時候開始發心的。她不稱為女人（也不稱為男人），因已獲得虛幻三摩地，可隨心所欲幻化身體。這位善女子當於大千世界盡其所有地上微

塵、枝葉（花果上微塵數量的無量）百千阿僧祇劫後，成就無上菩提佛果，佛號光施如來。彼佛剎土，與寶生如來剎土相同。」

●原來是他勸行愛王如來和此聖女發菩提心的

除蓋障菩薩說：「這位文殊童子，尚有所饒益，且所饒益眾多，對過去與未來之諸法也作分別。」

文殊童子說：「善男子，的確如此，我所饒益眾多，那是因為法界無盡，所饒益也無盡。」

行愛王如來告言：「文殊，你不要與他辯論。這位除蓋障菩薩辯才不可思議，你連這個等持的名稱也不知曉。大千世界所有眾生縱然都已經變成與文殊等同，但他們也不知道這位善女子出入之等持的名稱，因此連她等持、神變、智慧的百千分之一也不及。即使大千世界所有眾生等持、智慧力都變成與這位善女子一樣，也不及除蓋障大菩薩之等持、智慧、威力、神變的百千分之一。這位善女子連除蓋障菩薩出入的那一等持的名稱也不知曉。假設一切眾生等持、智慧、入定都變成如除蓋障菩薩一樣，也不知佛陀的舉步止步，如此佛陀的智慧不可思議。

「是這位善女子曾讓文殊發菩提心的，也令如文殊相同的十方每一方剎土盡恆河沙數的菩薩發心。是除蓋障菩薩讓這位善女子發菩提心的，也令與這位善女子相同的十方每一方恆河沙數的菩薩發心。我於過去時在須彌幢語如來前，也是由除蓋障菩薩讓

我發起無上菩提心，他也令如我一樣十方恆河沙數的如來發心，他們有現今住世的，也有無量如來已趨入涅槃。

「任何女人如果聽聞除疑女菩薩或除蓋障菩薩或行愛王如來的名號，則她的身體會成為最後女身，迅速成就無上菩提佛果。命終之後也將令佛陀歡喜，遠離八無暇，能憶念生世，獲得陀羅尼，得到大士夫三十二妙相，不住於胎。凡是聽到我等名號之女子，願具足如是功德。」

●耳聞其名，能除去你的障礙

《大乘寶雲經》[54]中記載：

世尊在伽耶山時，由聲聞、菩薩僧眾等眾多眷屬圍繞而住。世尊從頭頂放大光明，遍布十方世界，後入於世尊的面門。當時，由此佛土向東越過恆河沙數世界，有一蓮花世界，其中住有蓮雲如來，（此剎土）無有三乘之名，如來從一乘開始說法，那一剎土的一切有情均是不退轉圓滿菩提的菩薩。在彼世界，住著一位僅聞其名號就能滅除眾生一切障礙的除蓋障菩薩摩訶薩。他由（世尊）那一光芒接觸激發，從自己的住舍出來，到蓮雲如來前請問：「這樣的悅意光芒令身心安樂，這是誰的威德力？」

如來告言：「善男子，由此向西有娑婆世界，其中安住著釋

---

54 《大乘寶雲經》所摘內容，在漢文大藏經《大乘寶雲經（卷1）》中有。

迦如來，僅聽到他的名號，就能使眾生不退轉於無上真實圓滿菩提。這是他所放的光芒。」

除蓋障菩薩呈白：「世尊，我要到娑婆世界去頂禮供養釋迦如來。」其餘菩薩也由此光芒激發而如是請求。

蓮雲如來告言：「善男子，你們可隨意前往，如今正是時候。在彼世界，要謹慎為是。為什麼？那個世界的眾生煩惱深重，於父不認父等，多求非法等。於如此惡性眾生之中，釋迦如來正在說法。」

諸位菩薩白佛：「世尊，在這樣的眾生之中說法，釋迦如來真是難行。」

蓮雲佛告言：「的確如此。在染汙的世界，發起一念善心也是難行。在清淨的世界，清淨的有情有何稀奇？而在汙染的世界，彈指間生起信心而皈依三寶、受持戒律，以離貪之心及悲心發無上菩提心，這才是最稀有難得。」

菩薩們帶著眾多莊嚴的供品來此剎土。只聽除蓋障菩薩對眾眷屬說：「諸位道友，娑婆世界的眾生為痛苦所迫，因此，我等應當為諸眾生現大神變，以神通力令其遠離眾苦、享受快樂。」

眷屬菩薩都說：「善哉。」

隨後，除蓋障菩薩顯示神變，自身發出能令身心極其喜悅的無垢清淨、悅意澄清的光芒，那光普照整個三千大千世界，使地獄、旁生、閻羅世界的眾生，被那一光芒接觸身體，即刻遠離

一切苦受，獲得安樂，遠離了瞋心、害心，互相恭敬作父母想。那光芒普照到這個世界不被日月光照亮的黑暗處，令轉生那裡的眾生相互見到。這個大千世界的鐵圍山等所有山川也被那光芒普照，上至梵天下至無間地獄的眾生，無不被那光芒所照耀。

那些眷屬菩薩也顯示神變，令求衣、求食、求財等的眾生如願以償，諸根不全者得到根，瘋狂者復得正念，痛苦者得以安樂，孕婦順利生產。

除蓋障菩薩等那些菩薩臨近伽耶山時，這個三千大千世界由珍寶瓔珞所覆蓋，上空降下天界的蓮花雨、鮮花雨，還降下天界果實之雲、天物之鬘、天界塗香、天衣、天界末香、法衣、傘、幢、幡的大雲雨，凡所觸及的眾生都變得安樂。伽耶山上，平常的樹、平常的地方均無蹤無影，在那些地方，到處出現珍寶樹、如意樹、花樹、果樹、檀香樹、沉香樹，顯得無比美妙。空中傳出天人的鐃鈸聲，那些鐃鈸中傳出這樣的音聲：「降生勝苑藍毗尼，無等不隨煩惱轉，等同虛空尊前禮，我等至此最勝山。菩提迦耶樹王下，摧伏魔軍成佛已，無垢威嚴尊前禮，我等至此最勝山。證悟此等諸法理，如幻陽焰及水月，最上福田尊前禮，我等至此最勝山……」

剛傳出此等偈頌，大目犍連便從座而起，合掌禮佛請問：「世尊，這前所未聞、前所未見的前兆，是誰的瑞相？」

世尊告言：「這是由此向東越過恆河沙數世界的蓮花世界如

來應供正等覺蓮雲佛前的除蓋障菩薩摩訶薩，偕同百千俱胝那由他菩薩來此娑婆世界的前兆。」

即刻，除蓋障大菩薩及眷屬以菩薩的大神變力到了世尊面前，頂禮後說道：「大名大智慧、大勇大能仁、超有憂苦者，越惑尊前禮。一切之最上，普皆坦然住，解脫一切者，無等尊前禮。不動如山王，深廣如大海，外道不能摧，法王尊前禮。轉妙法輪，原本寂無生，自性涅槃法，怙主汝宣說……」以此等偈頌讚歎後落座於蓮臺上。

除蓋障菩薩摩訶薩從座而起，法衣搭於右肩，右膝跪於蓮臺上，於世尊一側合掌頂禮，如是說道：「世尊通徹無礙，請問我於何方圓滿正覺？」

世尊告言：「大士，一切如來恆常通徹無礙，於如來前可隨意詢問。如所提問，予以授記，汝當歡喜。」

除蓋障請問佛說：「世尊，菩薩的布施圓滿，乃至智慧之間皆圓滿，如是菩薩等同大地等，廣大清淨等圓滿菩提，現前圓滿成佛之間的大乘法義……」

佛陀出有壞以十法一一廣泛抉擇而宣說，使無量無數的眾生得以清淨、成熟。

除蓋障菩薩傳第七品終

普賢菩薩傳

頂禮、供養、皈依普賢菩薩摩訶薩！

● 猶如大海深廣難測的事蹟

《方廣華嚴經》中記載：

普賢菩薩的傳記：他以不可思議如海之理趨入如來功德海，如是具有清淨一切佛土及調化眾生究竟成就之事蹟、前往一切如來足前說功德田行境之事蹟、以願海善住一切菩薩地之事蹟、由諸門盡自身無量微塵踏遍法界之事蹟、於一切剎土傳出自名號不可思議輪加持之事蹟、一切極細微塵內真實顯示菩薩無有中邊行境及神變之事蹟、一剎那示現三時劫現生滅之事蹟、真實顯示一切菩薩根境互入之事蹟、法界無有中邊以自身幻化增上神變加持之事蹟、菩薩一切法理相互顯示廣大趨入遍知理之事蹟。

其後講述：普賢菩薩摩訶薩顯現在毗盧遮那佛面前獅子座的蓮臺中央，隨行「諸佛如來毗盧遮那身藏」等持等性於法界周遍、功德不可思議中入定，如是盡法界虛空際大海的一切剎土

每一極微塵的範圍中，盡剎土海微塵數的一一佛陀前，也以如是微塵數的身體入定。當時，十方浩瀚剎土的一切如來顯露尊顏說道：「善男子，你入定於如是等持，善哉！善男子，你依靠毗盧遮那佛之夙願的加持以及你宏願行為清淨的威力，一切如來也入定於佛陀不可思議行境力，故以無量智慧加持。」說著用金色妙手為普賢摸頂。猶如此處，在不可思議如海剎土中均是如此。一切如來的妙手海雲剛剛放在普賢頭頂，他即刻從那等持中起定之如海門，具足盡如海世界微塵數不可思議種種門而從那一三摩地起定。即刻，那些菩薩們均趨入盡世界海極微塵數的無量等持、總持等功德門。如同於此剎土一樣，一切如海世間微塵的範圍內，均有如海菩薩如是趨入，這也是由佛陀的威德力及普賢菩薩的等持法性而獲得。十方如海剎土無餘震動，由珍寶飾莊嚴，傳出如海法音。在如來的如海眷屬中，降下具如意寶相的金幢等十大寶珠王的雲雨，一切如來的毛孔及光芒中也都如此。並傳出「普賢則以悅意根，趨入現見浩瀚剎，顯示如此之神變，入等持境無中邊」等偈頌的音聲。

　　隨後，所有眷屬合掌，目視普賢，以偈頌讚歎。

　　普賢依靠佛陀的加持，觀見十方世界所有眾生的意樂海、佛陀的法海及願海等一切，而從佛陀不可思議的智慧及功德之理著手開始說法。

●學佛，要瞭解佛菩薩的境界而渴求

此經中還記載：

普眼菩薩請問出有壞毗盧遮那佛：「具足等持及解脫的菩薩，趨入了普賢門及行為、具足宏願者出入等持及解脫、獲得等持殊勝處等……」

世尊告普眼菩薩：「普眼，你能想到請問如來過去、未來、現在出世之菩薩的一切壇城、如來的一切壇城義，善哉善哉！普眼，普賢菩薩具足不可思議的菩薩幻變，具足難以成就的大菩薩威力，以無量菩薩行而出現，盡學菩薩之神變、幻變，以難以成就的菩薩願而清淨，具足菩薩不退轉生，以無量波羅蜜多理而清淨，具足無量所得總持，真實了知不同法，以無盡無礙清淨，具足於一切眾生無厭之大悲心盡未來際的宏願。他就在此會眾中，你去請問他，他會顯示等持及神變。」

聚集於彼處的菩薩眷屬聽到普賢菩薩的名號，即刻現前菩薩的不可思議等持，開啟無貪之心，也得到加持，趨向不可思議之智慧，見到無奪智慧之行境及無數如來，現前所緣，通達如來的無量力，證悟相續與如來同一之理，通達趨入無量三世，獲得無盡福德之威神力，通達圓滿妙海神變均依承侍及恭敬觀如來的一切壇城，但由如來的加持及普賢菩薩的神變王之威力，仍舊看不見普賢菩薩的身體及所在坐墊。

普眼菩薩請問世尊：「普賢菩薩現住於何處？」

佛告言：「他就在我的足前如如不動。」

隨後，普眼菩薩及那些菩薩眷屬觀看眷屬的一切壇城，呈白世尊：「世尊，我等連普賢菩薩的坐墊也看不見。」

佛告言：「善男子，你們看不到普賢菩薩的身體，也看不見其坐墊，的確如此。何以故？因為普賢菩薩安住於不可言說甚深境界中，如是趨入無量智慧法界，獲得獅子奮迅等持，盡得佛陀的無上神變，以無貪之威力成就清淨如來的十力，具足法界微妙身，安住於諸佛之加持中，具足過去、未來及現今出世的諸佛無別智慧相續。這位普賢菩薩隨行於心細微剎那邊際。」

●望眼欲穿也不見

普眼菩薩於如來前聽到普賢菩薩的清淨功德後，即刻入定於菩薩十百千無數等持中，渴求見到普賢菩薩，以祈禱的意樂希求，詳細觀察分析、思維、觀看，可是仍不得見，那些菩薩眷屬也看不見，普眼請問世尊見不到的原因。

佛告言：「你不見普賢，為什麼？普賢修學菩薩不可思議之事蹟，安住於眾多虛幻色相、虛幻咒文，對此尚且不能觀想，而不能趨入、現見普賢菩薩的身語意之密，就更不言而喻了。普賢菩薩以行為甚深不可思議，具足無量超勝智慧金剛心，真實安住於無有中邊之法界，於一切世界無住而行，隨入一切有情之身色，具足無取之法理，任運自成安住於無盡無異的神變及最勝威

力任運自成臻至究竟，通達法界。善男子，如是普賢菩薩令人觀而有義，見而有義。如是聽聞、承侍、思維、隨念、起信、觀察、尋求、隨其發願，皆有實義。」

爾後，普眼菩薩及那些菩薩眷屬渴求見到普賢菩薩，於是合掌，身體頂禮世尊及普賢菩薩，口中也念誦頂禮句。

世尊告言：「善男子，當頂禮祈禱普賢大菩薩，加持普眼於一切方所現前身事業，緣於普賢而以現行一切法界之心加持，離貪通達一切法，與普賢一願，無二入定，加持於一切世界，顯現身體，隨同根無有差異，願遍行修行普賢願。如是將見到普賢菩薩。」

● 精誠所至，雲散日出

之後，普眼菩薩及那些菩薩眷屬頂禮、祈禱普賢菩薩。即刻，那些菩薩均現見普賢菩薩安住於如來足下，坐在蓮花墊上。眷屬菩薩的身體也皆顯現，從浩瀚無邊的世界中來此，接連不斷真實顯示佛陀在一切世界中宣說一切佛陀的事業，盡顯一切菩薩行，開顯遍知智慧道，真實顯示菩薩的一切神變，真實宣說菩薩的最上威力，盡顯無量如來的三世，普賢菩薩顯示如此神變。見到他的神變，一切眷屬皆大歡喜，均頂禮普賢菩薩。當時，天降各種花雨，種種鬘雲等，降下數以萬計的雲雨。不可言說的世界出現六種震動，也傳出樂器的聲音及天人的眾多妙音。大光明普

照，一切眾生得以清淨，杜絕惡趣。不可言說又不可言說的菩薩趨入並成就普賢行，圓滿宏願後，現前無上菩提佛果。

隨後，普眼菩薩呈白世尊：「世尊，普賢菩薩現行大本性，無與倫比，無有間斷，不復退轉，證悟等性，不被他奪，精通諸法無異、諸法不共、加持一切眾生心而行持。普賢菩薩於諸法自在，行持等持、解脫。」

世尊告言：「的確如此，普賢以無數功德清淨、以無比功德莊嚴，具足無量功德寶，是不可思議功德之源泉海，具有無量功德法相、無邊功德之妙雲、無間功德，讚歎稱揚，法寶無盡。普賢，一切佛陀宣說讚歎其功德無有窮盡。」

其後，世尊告普賢菩薩言：「你當為普眼菩薩等一切菩薩眷屬，宣說具足圓滿普賢菩薩行願之十等持、無量功德讚歎。若具足它，雖是菩薩，也堪稱如來、十力者。」

普賢菩薩遵如來言教，為眾眷屬宣講稀有大法理。猶如眾生心無有邊際，勝義中無生，但在名言中，生、將生無邊無際，不可衡量，如是普賢菩薩通達法門盡其所有數。猶如諸龍降下每一滴如田地木鱉果大小的大雨流，它無有窮盡，儘管前面降下，後面不降，但雲聚無盡，同樣，普賢菩薩之等持、智慧、法門、見佛、神變門等無盡、無有間隔、無有邊際、不復退轉、無有間斷、無有唐捐。猶如火在有柴之處就會燃燒一樣，菩薩也是乃至有眾生界、法界等流轉期間，無有盡頭而顯示遊舞，以此展現

普賢行。

爾後如來告心王菩薩：「無詮塵普賢，劫中讚普賢，普賢讚不盡，無詮諸普賢，正入每髮尖，如一一切境，法界盡復然。」

隨後，世尊面門發出百千無數那由他不退究竟輪光，照耀一切浩瀚無邊世界後在那些世界中右旋十次，顯示如來的神變，止息惡趣相續，震懾魔眾，莊嚴佛陀眷屬壇城等，周遍世界法界盡虛空際浩瀚無邊界後返回，右繞菩薩眷屬的一切壇城以後，隱沒於普賢菩薩的面門。那光芒剛接觸普賢，他身下的獅子座便較前美妙、高出百千倍，除了如來的獅子座以外，無有高出其者。

如來種生吉祥菩薩請問「普賢菩薩顯示如來生世的法門實在稀有奇妙，請展示諸佛之生起、身語意之處、行境、現前菩提、轉妙法輪、趣大涅槃、見聞諸佛、依止如來生起善根之情形」時，依靠佛陀的威德力，盡十方百千不可言說俱胝那由他世界極微塵數的世界出現六種震動，降下天花、妙衣、傘幢等雨，降下諸佛菩薩「善哉」的大妙音雨等。盡十方八十百千不可言說俱胝那由他世界極微塵數以外，八十百千不可言說俱胝那由他佛土極微塵數的菩薩均相應普賢菩薩而來，讚歎說：「他在我們的剎土也依這種文句說法……」並加以隨喜。普賢菩薩通過宣說此法，使盡百千佛剎極微塵數的菩薩獲得菩薩一切等持及神通後，獲得一生圓滿菩提的授記，而且盡百千佛土極微塵數的眾生發起無上圓滿菩提心，獲得未來成為境圓佛的授記。未來時，也使四洲的

一切有情得知此法、得以調伏，如是十方盡虛空際無餘一切世界中，一切眾生得以調伏。

如是，盡十百千不可言說俱胝那由他佛土微塵數的菩薩同讚普賢菩薩名號。

之後，在菩薩眷屬大會中，普賢菩薩入定於佛陀華嚴三昧，即刻，盡虛空遍法界的十方世界普皆出現六種震動，極度動搖，依此普賢菩薩從那種等持中出定。

普慧大菩薩請問菩薩的等持、稀有之想、行為乃至涅槃的二百多個問題。普賢菩薩以十種差別，宣說了修行善說菩薩行法門。此時，無量無數世界震動，遍大光明，十方諸佛出有壞以笑顏面對普賢菩薩讚歎「善哉」並作廣說。

● 虔誠的善緣人，諸大菩薩予以攝受

其後，商主之子善財獲得如虛空界般不可思議的行境海，他歡喜渴望見到普賢菩薩，目視如來獅子座而住。依靠他的清淨意樂威力、一切如來的加持及與普賢菩薩的往昔善根同緣分，出現了見到普賢菩薩的十種前兆。如此一切佛土都以菩提藏清淨莊嚴而變得清淨，一切剎土全無無暇及惡趣等，具有無量莊嚴，眾生普皆清淨，具有種種瑞相。此外，見到普賢菩薩的瑞相還有：善財看到一切剎土——微塵中有一切如來眾多光網等莊嚴不可思議妙雲十種幻化。因此在《見普賢菩薩品》中說：「如果見到普賢

菩薩，要想到這就如同獲得遍知，獲得不退轉之解脫的不可思議力量。普賢菩薩與一切如來平等性，隨行三世等性，具足不可思議、不被他奪的行境，具足無邊的智慧境，為一切菩薩所矚目，震懾一切世界，為一切眷屬所跟隨，具足超勝境界。」

善財又見到在出有壞毗盧遮那如來面前的菩薩眷屬海中間，普賢菩薩獅子座上有珍寶大蓮花臺，他的一一毛孔顯現盡一切世界極微塵數的眾多光雲，照耀盡虛空遍法界的一切世界，止息眾生的痛苦，其身體的壇城中出現盡佛土極微塵數的眾多種種彩雲，令一切菩薩歡喜、信受力大增。又見到普賢菩薩的頭頂、雙肩以及所有毛孔門，出現妙香閃光的眾多繽紛雲雨降下，遍及一切如來的眷屬壇城。他又看到：所有一一毛孔降下妙花雲雨、種種香樹雲、種種妙衣雲、種種彩旗鬘雲、種種珍珠雲、如意寶珠雲、珍寶樹雲，屬於色界天趣、梵界天趣、欲界天趣天王身雲，顯示種種清淨不清淨佛土之妙雲、清淨佛土中佛陀身及菩薩眷屬之妙雲、一切有情身體妙雲、菩薩身體妙雲、普賢行妙雲等，一一出現盡一切佛剎極微塵數之妙雲，一一妙雲充滿盡虛空遍法界的一切剎土，供養讚歎一切如來，受持正法，以種種方便使如海有情界得以成熟、解脫。

見此情景，商主之子善財欣樂隨喜，心生悅意。他更進一步看到：普賢菩薩的身體及一一肢體，其肢體分出的一一支節，其身體的一一部分乃至一一毛孔及其分出的一一部分之間，均顯

現大千世界從風蘊到色界、無色界之間的器情世間影像。又見到如同這個世界一樣，十方一切世界佛陀出世及其菩薩眷屬，這個娑婆世界前際的世界連續形成，不盡其數的佛陀出世，及菩薩、有情安住，一切都在普賢大士的一一妙相中得見。也見到了盡未來際的浩瀚佛土。如是十方的一切世界前際後際接連輾轉，一切均於普賢身體一一相及一一毛孔中互不混雜而見到。他又看到，猶如普賢菩薩在毗盧遮那如來前安坐一樣，在東方蓮花吉祥世界妙吉祥如來前，他也顯示這種遊戲等，於十方一切世界的如來前安坐。十方一切剎土一一極微塵的範圍內，佛陀壇城如法界般廣大，普賢菩薩於一切如來足下的獅子座大蓮花臺上安坐，顯示這種遊戲。他身體的一一部分，顯現三世出現的一切所緣影像，顯現一切佛土、一切佛陀及一切菩薩。佛陀的妙音、眾生的音聲、一切佛陀轉法輪及開示教言的一切神變，真實攝集菩薩及佛陀的遊舞也統統聽得到。

　　善財這般耳聞目睹了普賢菩薩的遊戲後，在心的一剎那間，身體充滿一切佛土，前往一切如來足前，供養承侍之後，一剎那間獲得乃至現量了知普賢菩薩行之間的智慧十波羅蜜多。普賢菩薩舒展右手放在具足如此行為的善財頭上，即刻，他趨入了盡一切佛土極微塵數的等持門，由一一等持中，趨入前所未見盡佛土微塵數如海世間。圓滿遍知福田微塵數，出生同等數的遍知法。安住遍知，使同等數的遍知之道及威猛力得以增長超勝，願海、

菩薩行、諸佛之一一智慧光明中也現前盡佛土極微塵數。

　　猶如在這個娑婆世界，普賢菩薩於毗盧遮那如來前安坐，伸手為商主之子善財摸頂一樣，於十方一切世界如來前安住的普賢菩薩及容納於彼一切世界極微塵數範圍內的世界如來前安住的所有普賢菩薩，都伸手為善財摸頂。依此，善財以種種方式趨入了同等數的法門。

●付出一分辛勤，才會有一分收穫

　　其後，普賢菩薩問善財：「善男子，你見到我的神變了嗎？」

　　善財回稟：「聖者，見到了，如此極不可思議的情形，只有如來才了知吧。」

　　普賢菩薩說：「善男子，我為求遍知，於不可言說又不可言說佛剎極微塵數劫中，行持修行菩提心，在一一劫中，供養過不可言說又不可言說佛剎微塵數的佛陀，修行同等數的大願。為求佛法，於一一劫中，不惜布施剎土微塵數的頭顱、肢體、大國政等，所有供品供養同等數的佛陀，受持妙法。在那麼多劫中，從未生起過與如來教相違背的發心，沒有生起過瞋恨或我執、護己之心以及厭倦輪迴之心等。依靠菩提心及其餘智慧，生起了難勝難越的威德力。

　　「善男子，我往昔為了圓滿、成熟、修行及守護妙法而捨

棄生身性命的那些加行，如若宣說，一切劫海也不能窮盡。我於盡同等數的正法海中乃至少許文句，也為救度一切有情、圓滿佛法。我捨棄轉輪國政及一切財物無有吝惜，如此往昔之加行，如果宣說，不可言說又不可言說剎土微塵數劫將會窮盡，而那些加行也說之不盡。我依善根、信解、智慧、大悲及善知識攝受，通達大願、精進、神通及一切法、如來的加持力，獲得三世無別清淨法身，無上身色於超勝一切世間，隨行一切眾生意樂所緣，於一切剎土勵力安住，顯示一切神變，令一切眾生悅意。

「善男子，且觀，我獲得身圓滿，以無量劫海而成就，數多百千俱胝那由他劫中難現難見。善男子，一切未生起善根之有情，尚且不得耳聞於我，更何況見到？任何有情僅聽我名，也將於無上圓滿菩提中不退轉，僅僅見到、僅僅接觸、僅僅護送、僅僅跟隨，僅僅在夢中見到、僅僅在夢中聽到名稱，也將於無上菩提中不退轉。有些眾生，若一日憶念我，將得以成熟；有些於七日……一月、一年、一劫乃至不可言說又不可言說剎土極微塵數劫之間隨念，將得以成熟；有些於一生隨念我，有些於不可言說又不可言說剎土微塵數生世（隨念我），將得以成熟；有些眾生見到我的光，如是見到放光，動搖剎土、顯示色身，欣樂歡喜，將得以成熟。我以如是盡佛剎土極微塵數的方便法，使眾生於無上菩提中不退轉。善男子，何人聽到我的清淨剎土，他們將往生清淨佛土，見到我清淨身體者，將轉生成如我身體一般。善男

子，當觀我此清淨身體。」

●什麼都不是無緣無故而來

其後，商主之子善財觀察普賢菩薩的身體，見到他一一毛孔中具足不可言說又不可言說如海佛土的如海諸佛及菩薩眷屬，剎土的種種大地、種種形狀、莊嚴，如是周圍、雲朵、虛空及佛陀出世等，以及種種法輪。又見到如一一毛孔一樣，所有毛孔、相好、肢體、細分支也是如此。一一剎土海，以一切剎土微塵數的佛陀幻化雲充滿十方，令一切眾生成熟菩提。

隨後，商主之子善財依靠普賢菩薩的教授及隨教，趨入屬於普賢菩薩身體範疇的一切世間，成熟有情。如是善財依靠以前到佛土微塵數善知識前現見、承侍而獲得的智慧光明、積累的善根，如今才見到普賢菩薩，若僅以所積善根的百分之一、千分之一、百千分之一，則無法得見。他從最初發心起直至見到普賢菩薩之間，接連不斷輾轉趨入佛陀剎土海，普賢菩薩的一一毛孔也接連不斷輾轉眾多佛陀剎土海，盡不可言說又不可言說佛土的微塵數之間，心的一剎那就能趨入。如是無餘所有毛孔也是如此，心的一一剎那就能踏入不可言說又不可言說世界微塵數，盡未來際劫中，依靠加持而踏遍如海世界，然而這並沒有完全究竟——如海剎土的威光、分別、歸攝、形成、壞滅等，佛陀出世及菩薩眷屬的情形，趨入成熟眾生的界性、根基，菩薩的甚深神變等，

沒有究竟。

善財於有些剎土，百劫中行持，乃至於不可言說又不可言說剎土劫之間行持，那些剎土也沒有動搖。依靠心的一一剎那，成熟無有中邊剎土之有情。他如是次第獲得普賢行願海等性，獲得與一切如來平等性，身體盈滿一切剎土等性，顯示現前成佛的神變盈滿等性，如是轉法輪、無礙解、宣說妙音、一切妙音分支之行持、力、無畏、佛陀之行、大慈大悲等性，菩薩傳記不可思議之神變等性。

其後，普賢菩薩於浩瀚無邊劫，輾轉世界盡不可言說又不可言說的佛土微塵數，為現身說法而以偈頌妙音講說普賢行願。

● 所有一切善根，迴向普賢行願

《大悲白蓮經》[55] 中記載：

輻圍國王的第八位王子，名為無害，他於寶藏如來前呈白：「尊貴的佛陀，我發願於有染汙的佛土（修菩薩道），令其變得如同第七王子獅子香菩薩受持的剎土香光離塵佛剎一樣，普皆清淨莊嚴。乃至此剎土沒有生起如是善根、清淨意樂、遍滿趨入大乘的菩薩，我都願成為菩薩，於有染汙的佛土行持菩薩行。爾後，我才成就無上菩提佛果。

---

55 《大悲白蓮經》：漢文大藏經名為《悲華經》。

「世尊，願我盡力行持其餘菩薩不行之行。世尊，我已於七年中獨自居於靜處，思維佛陀的清淨功德、菩薩的清淨功德、佛土的清淨功德，以此生起獲得光明莊嚴等持等菩薩二萬一千等持。世尊，凡是那些修行，就是我成為菩薩的菩薩行。

「願我見到、趨入安住於十方無量無邊世界住世的佛陀出有壞為利樂一切有情而說法，以及真實超越三世遍滿一切如來的幢頂莊嚴佛剎。

「願我依靠那一等持，現見盡極微塵數為菩薩、聲聞眾所圍繞的佛陀出有壞。

「願我依靠等持的威力，無住而以盡佛剎極微塵數的身體向彼等佛陀一一頂禮，於一一佛前，我的每一身體以種種珍寶、種種美花、種種無上妙香、花鬘、種種末香、塗香、樂音一切無上莊嚴做供養。

「願我於一個剎土中，盡大海沙數劫中行持（菩薩道）。

「願某時我依靠滅身等持，於一剎那間，獲得盡佛土極微塵數一一佛陀的行境。

「願我依靠功德源等持，於一一佛陀前，以盡剎土極微塵數的無上讚頌而稱揚之。

「願我依靠不閉目等持，僅於一念中，在一塵上也能現見充滿如來的一切佛土。

「願我依靠無染等持，於一念中，能於一切剎土現見過去、

未來、現在出世的一切諸佛菩薩的剎土功德莊嚴。

「願我依靠首楞嚴三昧，入於一切有情地獄，幻化成有情地獄的身相而為地獄有情說法，令其真實受持菩提，發起菩提心，死後轉生於人中，於住世佛陀前聞法，後安住於不退轉地。如是於旁生、餓鬼、夜叉、羅剎、阿修羅、龍、緊那羅、摩睺羅伽、食肉鬼、鳩槃荼、身鳩槃荼、賤種人、商人、娼妓，我也如此說法而令他們得不退轉。無論眾生投生於何種姓、獲得何身體、以何業緣感受苦樂、愛好何種工巧行業，願我在其前幻化成如是身體，隨其所作而教化之。

「願我隨眾生種種異音而為之說法，令一切眾生心生歡喜，因而受持無上菩提，以此將他們安置於不退轉地。

「尊貴的佛陀，願我於十方萬數佛土，令諸眾生的心相續中無有往昔業惑餘毒，他們的心相續之道，四魔不能知曉，乃至相續獲得清淨，於此之間我行持菩提道。

「願我令萬數佛土皆如光明離塵妙香自在王星辰如來的香光離塵佛土一樣，具足功德、清淨莊嚴。然後我自己的佛土及諸眷屬，皆如獅子香菩薩所發之願。

「尊貴的佛陀，設若我這些大願能得以圓滿，願能止息十方佛土一切有情的一切痛苦，使他們內心調柔堪能，現見各自四洲中安住的佛陀，並以種種珍寶、鮮花、妙香、塗香、末香、傘、幢、幡、蓋供養那些佛陀，發起無上菩提心。願我也能依靠光明

莊嚴等持的威力見到那一切。」

普賢菩薩話音剛落，如其所發大願，一切皆得以現見。

世尊告言：「善男子，善哉、善哉！善男子，你於佛剎周邊安置一萬清淨佛土，並清淨無量無數有情的心相續，以無量無數供品歡喜供養無量無數佛陀，善男子，以此因緣，稱你為普賢。普賢，你於未來過一恆河沙數阿僧祇劫，入第二（恆河沙數）阿僧祇劫時，由此佛土經過六十恆河沙數佛剎的北方界，有世界名為智水極淨功德，你將於此成就無上真實圓滿佛果，佛號智慧金剛奮迅自在頂。」

普賢菩薩傳第八品終

對於以上這些大菩薩的傳記，若能稍稍生起清淨信，將成為無量善資之因；依靠清淨信，生起自己也想如此修行的欲樂信，則是大乘道的根本，我們必須認識到，若沒有通曉菩薩的如海傳記，絕對不可能成佛；憑藉欲樂信而如理入道，對大乘道果生起不可奪取的強烈誠摯信，會次第成為與這些佛子大勇識同等緣分者，進而獲得一切遍知智慧。想到信心之因緣，米滂（麥彭）納白嘉瓦彙集如來經教寶藏撰著了《八大菩薩傳》，今已圓滿。願以此功德，令等同虛空的一切有情自在擁有與八大佛子平等的諸功德法。

八大菩薩之發心，事業宏願智悲力，
無上智慧之神變，唯願我等成如是。

善哉！
願增吉祥！

2015 年 5 月 1 日譯畢於喇榮

國家圖書館出版品預行編目 (CIP) 資料

八大菩薩傳：寶珠鬘 / 米滂仁波切著；索達吉堪
布譯 . -- 初版 . -- 臺北市：如果出版：大雁出版
基地發行 , 2020.09
　　面；　公分

ISBN 978-957-8567-68-9(平裝)

1. 菩薩 2. 佛教傳記 3. 佛教修持

229.2　　　　　　　　　　109011510

八大菩薩傳──寶珠鬘

作　　　者──米滂仁波切
譯　　　者──索達吉堪布
封面設計──小山絵
責任編輯──劉素芬、張海靜
行銷業務──王綬晨、邱紹溢
行銷企劃──曾志傑
副總編輯──張海靜
榮譽顧問──郭其彬
總 編 輯──王思迅
發 行 人──蘇拾平
出　　　版──如果出版
發　　　行──大雁出版基地
地　　　址──台北市松山區復興北路 333 號 11 樓之 4
電　　　話──02-2718-2001
傳　　　真──02-2718-1258
讀者傳真服務──02-2718-1258
讀者服務信箱 E-mail──andbooks@andbooks.com.tw
劃撥帳號──19983379
戶　　　名──大雁文化事業股份有限公司
出版日期──2020 年 9 月 初版
定　　　價──499 元
I S B N──978-957-8567-68-9

Original title: 八大菩薩傳 by 索達吉堪布
中文繁體字版由中南博集天卷文化傳媒有限公司授權出版
有著作權 · 翻印必究

歡迎光臨大雁出版基地官網
www.andbooks.com.tw
訂閱電子報並填寫回函卡